창의는 어떻게
혁신이 되는가

창의는 어떻게
혁신이 되는가

이상직 지음 · 이소연 그림

드림북스

창의는 어떻게
혁신이 되는가

1쇄 발행 2025년 7월 30일

지은이 이상직
그　림 이소연
펴낸이 조일동
펴낸곳 드레북스

출판등록 제2025-000023호
주소 서울시 은평구 통일로 630 래미안 베리힐즈 203동 1102호
전화 02-356-0554　**팩스** 02-356-0552
이메일 drebooks@naver.com
인스타그램 @drebooks

인쇄 (주)프린탑
배본 최강물류

ISBN 979-11-93946-46-6 03320

- 이 책은 저작권법에 따라 보호받는 저작물이므로 무단 전재와 무단 복제를 금지하며, 이 책의 전부 또는 일부를 이용하려면 저작권자와 드레북스의 동의를 받아야 합니다.
- 책값은 뒤표지에 있습니다.
- 잘못된 책은 구입하신 서점에서 바꿔 드립니다.

창의를 찾아 혁신하는 힘, 그것이 진짜 경쟁력이다.

 들어가는 글

그럭저럭 살던 시대는 끝났다. 그럭저럭 학교를 나오고, 그럭저럭 직장을 다니고, 그럭저럭 정년을 채우던 시대는 끝났다. 손주 재롱을 보며 편히 생을 마감하는 시대는 끝났다. 열심히 사는 것만으로는 생계가 보장되지 않는다. 자동화 설비, 기계와 로봇이 늘면서 제조공장과 물류창고에서 사람이 사라졌다. 전산시스템이 도입되면서 사무실에서 사람이 사라졌다. AI가 등장해 인간의 정신활동을 모방하고 대체하면서 고소득 전문직조차 자리를 내주고 있다.

미래학자 레이 커즈와일은 AI가 급속도로 발전해 인간을 능가하는 특이점이 온다고 했다. 특이점을 넘어서면 인간은 생물학적 한계를 극복한다. 의료용 나노 로봇은 혈관을 다니며 질병을 치료한다. 가상공간은 완전몰입형 현실이 된다. 인간의 의식은 디지털 데이터로 저장되어 영생을 구현한다. AI 유토피아가 따로 없다.

좋은 일만 있을까? 자본과 능력에 따라 빈익빈부익부의 양극화 위험이 있다. 전쟁에 AI를 악용하는 등 AI 위험을 통제하지 못하면 인류 사회가 붕괴한다. 그것뿐일까? AI가 인간을 모방, 대체하면서 인간 고유의 신체 및 정신 활동이 약화된다. 신체는 화면 클릭, 입력 등 손쉬운 최소한의 활동에 그친다. 일부러 운동하고 신약에 의존한다. 학습과 추론 등 인간 고유의 정신활동은 AI 이용을 위한 질문으로 대체된다. 질문을 잘하는 것이 능력이라고 한다.

역할을 잃은 정신은 불안과 공포에 휘둘린다. 슈퍼맨, 트랜스포머 등 비정상적 영웅을 찾고 대리만족을 얻는다. 갈 곳 잃은 정신은 은

둔, 약물, 우울, 중독 등 비정상적인 욕구와 상황에 허덕인다. 그래서는 안 된다. AI를 능동적으로 활용하되 지배당해서는 안 된다. 약화된 신체를 보강하는 활동을 넘어 정신력을 극적으로 강화해야 한다. 인간의 뇌를 디지털 공간에 구현하고 AI를 이용해 질병 치료, 능력 강화를 위한 연구가 늘고 있다. 뇌질환을 치료하고 정신을 강화하기 위한 의과학도 발전시켜야 한다.

단편소설 〈기억의 천재 푸네스〉는 남미 작가 보르헤스가 늦은 밤 이런저런 기억이 떠올라 잠들지 못하면서 창작 아이디어를 얻었다. 전신마비 사고를 당했지만 보고 들은 모든 것을 기억하는 청년 푸네스의 이야기다. 그는 포도덩굴에 달린 모든 포도의 알, 줄기의 수와 모양까지 기억했다. 그러나 기억한 내용을 추상화, 일반화하거나 문제 해결에 활용하는 능력은 없었다. 기억한 데이터를 통제하지 못해 불면에 시달렸고 죽음에 이르렀다. AI도 마찬가지다. 특이점을 넘어 통제되지 못하면 인간 고유의 가치와 공동체도 종말에 이른다.

모든 사람이 AI를 사용하고 좋은 일을 하는 환경을 만들어야 한다. 인간을 넘어 기계, AI 등 '기술적 존재'와 공존 시스템을 갖춰야 한다. 인간은 AI가 만드는 거대하고 복잡한 오케스트라의 지휘자가 되어야 한다. 그러려면 신체를 건강하게 만들고 정신을 고도화해야 한다. 불치 질환에서 해방된 건강한 신체활동과 배려, 소통과 협력 등 고차원의 정신활동을 해야 한다.

고차원의 정신활동을 위해서는 AI가 학습할 수 없는 데이터에서 창의를 찾고, AI가 추론으로는 얻을 수 없는 혁신을 만들어 실행해야 한다. 실패, 실수, 오류, 가짜와 황당함 등 기존의 지식체계에서 간과했거나 버린 것에서 창의를 찾고 예상하지 못한 방법으로 혁신해야 한다. 과거에는 기술을 모르면 창의만으로 혁신하기 어려웠다. 이제는 악보를 볼 줄 모르고 악기를 다룰 줄 몰라도 작곡, 작사를 할 수 있는 시대다. 아름다운 붓질을 하는 손재주가 없어도 미술작가가 될 수 있는 시대다. AI의 도움을 받을 수 있기 때문이다. 창의를 찾아 혁신하는 실력을 갖추는 법, 그것이 이 책이 다루는 내용이다. 그것만이 팍팍한 AI 시대의 파고를 슬기롭게 넘는 길이다.

차례

들어가는 글

1장 나를 위한 경쟁력

허물지 않으면 스스로 무너진다	015
보르헤스를 다시 읽는다	021
나는 얼마나 창의적인가	030
혁신을 위한 뒤집기	039
무엇이 새롭고 어떻게 다른가	045
버려진 그곳에서 시작하라	051
그들의 선택을 나무라지 마라	060
남의 것을 넘보는가	066
스스로 챙겨야 행복한 날	072
이 자리를 비워놓겠습니다	078

2장 새로움으로 통하게 하라

비빔밥은 혼자 맛을 내지 않는다	087
천년의 꿈에서 찾은 혁신	096
트렌드 전성시대의 기업다움	102
창조적 파괴와 파괴적 혁신	111
창조적 독점과 비파괴적 창조	120

경계 밖에서 경영하라	126
당연함에서 단순함으로	135
본질에서 시작하라	144
조선백자가 품은 소버린 AI	150
일론 머스크와 기업가정신	156

3장 모두를 위한 시작

김밥 한 줄이 말하는 것	165
제목 없음의 존재 이유	174
자유를 위한 투쟁을 허하라	180
우리에게는 새로움이 있다	187
올해 노벨상은 AI입니다	194
기술이 모두의 힘이 될 때	200
슈퍼히어로에 맞서는 법	209
제갈량은 어디에 있는가	215
혁신을 위한 언어 사용법	219
신뢰할 수 있는 안전인가	228

추천사

나를 위한 경쟁력

허물지 않으면
스스로 무너진다

실패와 실수, 오류는 나쁜 것인가? 업존은 1950년대 유기화합물 미녹시딜을 이용해 위궤양 치료제를 연구했다. 위궤양에 효과가 없었고 혈압을 낮추는 현상만 관측되었다. 중단하지 않고 연구를 거듭해 고혈압 치료제를 만들었다. 이후 미녹시딜을 처방한 고혈압 환자 중에서 털이 자라는 부작용이 생겼다. 후속 연구 끝에 탈모치료제를 만들었다. 위궤양 치료제 연구에 실패했지만 그 과정에서 고혈압, 탈모치료제를 만들었다.

  3M의 스펜서 실버는 1960년대 초강력 접착제를 만드는 연구를 했지만 실패했다. 접착력이 약한 것만 나왔다. 1970년대 그의 동료 아트 프라이는 찬송가 책에서 부를 노래가 있는 곳에 종이를 끼워 두었는데, 책을 펼칠 때마다 바닥에 떨어져 낭패를 보곤 했

다. 그 순간 스펜서 실버의 접착제 연구가 생각났다. 붙였다 떼었다 하는 포스트잇의 발명이다. 3M의 팻시 오코넬 셔먼, 사무엘 스미스는 1950년대 항공기에 쓸 화학물질을 연구하던 중에 실수로 컵을 떨어뜨렸다. 컵에 있던 용액이 신발 위에 떨어졌는데 쉽게 제거되지 않았다. 추가 연구를 통해 의류, 신발에 방수, 얼룩 방지 기능을 추가할 수 있었다. 스카치가드의 발명이다.

알렉산더 플레밍은 1920년대 용기에 세균을 배양한 뒤 실수로 뚜껑을 닫지 않은 채 휴가를 떠났다가 돌아와 보니 용기가 푸른곰팡이로 가득했다. 세균을 잡는 페니실린의 시작이다. 루이 다게르는 1830년대 어느 날 풍경에 노출된 동판을 여러 화학약품과 함께 보관했다. 깜빡 잊었다가 몇 주 뒤에 열어 보니 동판에 선명한 영상이 맺혀 있었다. 함께 보관했던 화학약품을 하나씩 제거하며 실험한 결과 수은에서 나온 증기가 영상을 선명하게 만든다는 사실을 발견했다. 사진의 발명이다.

많은 사람들이 챗GPT 등 인공지능(AI)을 사용하고 있다. 누군가 챗GPT에게 《조선왕조실록》에 기록된 '세종대왕의 맥북 프로(PC) 던짐 사건'에 대해 알려달라고 조롱했다. 챗GPT는 뭐라고 답했을까? '《조선왕조실록》에 기록된 일화로 15세기 세종대왕이 새로 개발한 훈민정음 초고를 작성하던 중에 문서 작성 중단에 대해 담당자에게 화를 내며 맥북 프로와 함께 그를 방으로 던진 사건'이라고 했다. AI는 질문을 하면 주어진 범위 안에서 가장 관련성 높은 데이터를 기반으로 분석, 조합해 답변을 만든다. 여기서 오류가 생긴다. AI는 엉뚱한 질문을 곧이곧대로 진지하게 받아들여 최선을 다한 끝에 황당한 답변을 내놓는다. 현재 지속적인 업데이트를 통해 오류를 줄여가고 있다.

그런데 오류는 항상 나쁜 것일까? 챗GPT 등 AI는 항상 우리가 알고 있는 정답만을 내놓아야 할까? 챗GPT의 답변에서 새로운 창작의 단서를 발견하면 어떨까? 세종대왕이 환생해 세상의 모든 문자를 대체할 '한글2'를 만든다고 하자. 그 과정에서 빈둥대는 공직자에게 개인용 컴퓨터를 집어던졌다. 재미있지 않은가. 영화나 드라마의 좋은 소재가 될 수 있다.

일부러 실패하거나 실수하고 억지로 오류를 만들 것까지는 없다. 실패, 실수와 오류가 두려워 아무것도 하지 않는 것이 문제다. 눈앞의 성과와 평가를 위해 실패, 실수와 오류를 감추는 것도 문제다. 오히려 실패, 실수와 오류를 드러내고 의미와 가치를 찾는 습관을 기르자. 공동체와 기업의 제도와 문화로 뒷받침해야 한다. AI도 마찬가지다. 황당한 결과물에서 아이디어를 얻을 수 있다. 누구나 공감하는 답을 얻기 위해 많은 비용을 들여 AI를 만들었다면 얼마나 낭비인가. 실패, 실수와 오류에 현재를 미래로 단박에 끌어올리는 창의가 숨어 있다. 실패, 실수와 오류에 숨은 창의를 찾는 것과 함께 경계 역시 허물어야 한다.

예술작품은 세월의 흐름에 관계없이 아름다움을 드러낸다. 고대 그리스에서 예술성을 가진 작품을 본질로서 '에르곤'이라 하고 작품을 둘러싼 비본질적인 주변을 '파레르곤'이라 구분했다. 예를 들어 레오나르드 다빈치의 작품 〈모나리자〉 자체는 에르곤이고 그림을 둘러싼 액자는 파레르곤이다. 액자는 그림, 글씨, 사진 따위를 끼우는 틀이다. 작품을 위해 전적으로 봉사한다. 작품과 그 주변 환경을 구분해서 작품의 한계를 명확히 하고 현실과 경계를 긋는다. 그림의 훼손을 막고 전시, 운송, 보관을 쉽게 한다. 액자는 필요에 따라 언제든 교체할 수 있다. 그런데 액자는 예술작품을 위한 엑스트라에 불과할까?

철학자 자크 데리다의 의견을 보자. 예술작품도 작품 이외의 요소에 의해 영향을 받는다. 복제된 작품을 볼 수 있지만 전시회에서 보는 감동에 미치지 못한다. 기쁨과 슬픔 등 관객의 상황과 여건에 따라 느낌이 다르다. 액자도 마찬가지다. 형태와 기능에 따라 예술작품과 불가분의 조화와 균형을 이루며 작품에 녹아든다. 어떤 액자를 쓰는지에 따라 작품의 가치를 올릴 수 있고 떨어뜨릴 수도 있다. 액자의 기능과 역할을 과소평가할 수 없고, 의미와 역할을 다시 봐야 한다.

작품과 액자 사이에 넘나들 수 없는 경계가 있다고 가정하자. 작품은 액자 안에 갇혀 현실과 소통하지 못하고 주변의 환경과 어울리지 못한다. 사실을 재현하고 모방함에 그친다. 액자는 스스로를 드러내고 싶어도 작품을 돋보이는 조수 역할에 만족해야 한다. 작품과 액자 사이에 주종관계가 고착되면 더이상의 발전을 기대하기 어렵다.

  작품과 액자의 경계를 허물면 어떨까? 영국 작가 뱅크시의 대표작 〈풍선과 소녀〉는 2018년 경매에서 약 16억 원에 낙찰되었다. 그 순간 뱅크시는 액자에 장착해둔 파쇄기를 원격으로 작동시켰다. 그림의 절반이 액자 아래쪽으로 잘려 나갔다. 이 작품은 잘린 형태 그대로 새로운 작품이 되었다. 3년 뒤 다시 경매에 나왔고 약 301억 원에 낙찰되었다. 작가 윤병락은 큼직한 사과들을 액자 밖으로 튀어나오도록 그림으로써 손에 잡힐 듯 실감나게 표현했다. 옥외 디지털 광고판은 어떤가? 입체 제작된 광고는 광고 속 주인공이나 장면이 화면 바깥으로 뛰쳐나오는 모습을 역동적으로 보여준다. 수십 년 동안 액자를 만들어 온 임기연 작가는 작품을 품지 않은 액자만의 아름다움을 주제로 전시회를 열기도 했다. 작품은 액자 속을 나오려 하고, 액자는 작품과 어우러지고 스스로 작품이 되려 한다. 작품과 액자의 경계는 허물어지고 서로 끊임없이 넘나들고 소통하면서 창작의 수준과 가치를 높이고 있다.

  우리 삶의 경계는 어떨까? 원시인은 동굴에 살았다. 동굴에 있으면서 바깥을 내다볼 때 편안함을 느꼈다. 동굴 입구는 원시인과 세상을 연결하는 경계로서 액자 역할을 한다. 동굴 속의 삶이 편안함을 주지만, 인류의 발전은 동굴을 뛰쳐나오면서 시작되었다. 예술작품과 액자의 경계가 흐려지듯 우리 삶의 이상과 현실, 진짜와 가짜, 현실과 가상의 경계도 무너지고 있다. 경계를 넘어 새로운 세상을 열어젖혀야 역사는 발전한다. 현대인은 대부분의 일상을 온라인에 접속해 일상을 살아간다. 오프라인과 온라인의 경계가 무너지면 혼란하지만 창의가 더해지면 혁신이 되어 미래를 만든다.

  현대인의 삶에는 또 다른 경계가 있다. 학력, 경력으로 쌓은 인맥과 경제력의 경계다. 그것이 고착되면 공동체의 발전에 도움이 될까? 성장이 정체된 시대에는 갈등, 대립과 분열을 불러온다. 산업화, 정보화를 거치면서 끄집어낼 창의에 한계가 왔다. 소수의 인재가 공동체를 견인하는 시대가 막을 내리고 있다. 경계 너머 웅크린 다수의 아이디어를 액자 속에서 끌어내야 한다. 경계를 무너뜨리고 배려와 협력을 높여야 진정한 창의가 샘솟는다.

보르헤스를
다시 읽는다

남미 작가 보르헤스의 단편소설 〈반역자와 영웅〉을 보자. 1824년 아일랜드는 영국에서 독립하기 위해 영웅 킬 패트릭의 지휘로 전쟁을 일으켰으나 매번 실패했다. 누군가 영국에 전쟁 기밀을 넘겨주고 있었다. 비밀리에 조사가 시작되었고 결과는 놀라웠다. 모든 증거는 반역자로 킬 패트릭을 가리키고 있었다. 민중이 알면 독립전쟁은 실패할 것이 명백했다. 지휘부는 킬 패트릭이 영국에 의해 암살되는 것으로 꾸몄고, 그도 계획에 적극적으로 협조했다. 그의 죽음은 영국에 대한 민중의 분노를 일으켜 독립의 기폭제가 되었다. 그는 역사의 영웅으로 남았다.

  소설에서 영웅이 반역자가 된 이유는 명확하지 않다. 영국을 이길 자신이 없었을까? 위선을 통해 명예와 부를 지키고 싶었던 걸까? 인간은 신분, 지위와 관계없이 양면성을 가지고 있다. 선함과 악함, 성실함과 게으름, 옳음과 그름 등 상반된 요소를 함께 갖고 있다가 상황에 따라 특정 요소가 표출되는 것은 아닐까. 영웅이면서 반역자인 사람이 많은 세상이다.

  우리는 최고지도자가 항상 영웅이기를 기대한다. 그러나 그도 우리와 별반 다르지 않다. 영웅과 반역자의 상반된 요소를 함께 가진다. 사람은 누구나 선함과 악함을 함께 갖고 있지만 스스로 또는 타인의 도움을 받아 선함을 드러내려 애쓴다. 최고지도자도 다르지 않다. 그런데 누구는 영웅으로 존경받으며 임기를 마치고 또 다른 누구는 반역자로 멸시받으며 불명예 퇴진한다. 지도자가 잘못된 길로 들어서는 것이 본인만의 잘못일까? 최고지도자의 영웅적 요소를 깎아내리고 반역자적 요소만을 들춰 공격한다면 어떻게 될까? 전쟁을 제도화한 것이 정치이기에 어쩔 수 없을까?

  악마적 정쟁 때문에 최고지도자가 국가 본연의 일을 그르치면 피해는 고스란히 국민에게 전가된다. 그렇기에 정치인은 국가와 국민을 위해 오직 선의의 경쟁과 상생의 정치에 집중할 의무와 책임이 있다. 반역자가 아닌 영웅으로 나랏일을 감당할 수 있게 모두 도와야 한다. 킬 패트릭도 마지막 순간에는 달랐다. 동지들과 '의로운 죽음'이라는 대타협의 거대한 연극을 지어냈고, 아일랜드는 독립의 길을 열었다.

  보르헤스의 단편은 인간의 본성에 대해 깊은 성찰을 하되 과거에 멈추지 않는다. 선악의 이분법에 따른 극한 대립과 경계를 허물어 미래를 향하고 있다. 정치적 대타협을 이룰 창의적 아이디어를 〈반역자와 영웅〉에서 보여주고 있다.

보르헤스는 중년에 들어 시력을 잃지만 시각세포는 죽지 않고 새로움을 보는 놀라운 창작을 이어간다. 20세기 패러다임은 이성과 과학을 신봉하면서 진짜와 가짜, 선과 악, 중심과 주변 등 우열의 경계를 나눠 서로를 파괴했다. 그는 문제의 근원인 이분법적 사고를 끄집어내 부수고 해체했다. '무(無)'에서 '유(有)'를 찾은 것은 아니다. 유에서 다른 유를 집요하게 찾아내는데, 기존의 유를 개선하는 것을 넘어 완전히 다른 탁월한 유를 창조했다.

《반지의 제왕》, 《해리 포터》를 비롯한 환상문학은 흥미진진한 판타지를 보여준다. 그러나 보르헤스의 작품은 판타지를 거부한다. '낡음'에서 시작하되 '새로움'을 만들었다. 소재가 떨어진 소설을 죽음에서 구해냈다. 정치, 경제, 사회, 문화의 근본을 뒤집는 소설적 창의를 보여주었다. 세상은 그의 작품을 통해 해묵은 상처와 분열을 극복했다. 새로운 개념의 인간상, 가상세계, 우주 등 가치 있는 미래를 연구하며 실현할 단서를 찾고 현실공간에서 실행했다.

기승전결 등 기존 작법을 무시하는 보르헤스의 소설은 독자마다 전혀 다른 감흥과 결말을 유도한다. 상세한 설명을 생략하는 그의 소설은 난해하고 불친절하다. 독자가 작가의 의도와 관점에 의존하면 그럴 수밖에 없다. 그는 독자가 스스로 이해하고 분석해 함께 소설을 전개하고 완성하길 기대한다. 그의 소설이 항상 현재진행형이고 변화무쌍한 이유다.

   그의 단편소설 〈피에르 메나르, 돈키호테의 저자〉를 보자. 소설 속 작가 피에르 메나르의 작품은 300년 전 세르반테스의 《돈키호테》와 언어, 문장 등 많은 면에서 일치했다. 펠리페 2세나 종교재판소의 이교도 처형 등 시대에 뒤떨어진 내용을 제거했다. 표절로 보이는데 창작이라 우길 수 있을까? 보르헤스는 시대를 달리해 독자마다 새롭고 다양한 감흥을 일으켰다며 피에르 메나르의 작품을 높이 평가한다. 그는 세상과 작가가 만든 낡고 고정된 틀과 감옥에서 탈출해 자신만의 방식으로 소설을 읽으라고 독자에게 요구한다.

   보르헤스의 소설은 곳곳에 빈틈과 함정을 만들고 해결책을 주지 않는다. 해결책이 있다면 또 다른 함정에 불과하다. 독자 스스로 창의적인 독서를 통해 소설을 완성하라고 한다. 미술작가 마르셀 뒤샹의 〈샘〉은 어떤가? 남성 소변기를 화장실에서 뜯어내 전시실로 옮기고 '샘'이라 이름을 붙였다. 작품 〈샘〉은 더는 소변기가 아니다. 예술작품 '샘'이 되었다. 피카소의 〈황소머리〉는 어떤가? 자전거에서 안장과 핸들을 떼어내 전시하면서 '황소머리'

라고 제목을 붙였다. 마우리치오 카텔란의 〈코미디언〉은 어떤가? 바나나 1개를 벽에 청색 테이프로 붙이고 '코미디언'이라 했다. 코미디가 아닐 수 없다. 그래서 코미디언일까?

별난 관객이 바나나를 떼어 먹고 사회관계망서비스(SNS)에 후기를 남겼다. 그 관객은 무엇을 말하고 있는가? 바나나였다가 코미디언이 되었지만 다시 바나나가 되었다고 주장하는 걸까? 그렇다면 하수다. 코미디언을 넘는 가치를 창출하지 못하고 제자리로 돌렸다. 사물은 공간, 시간 등 변화를 주면 완전히 다른 것이 된다. 이제 어떤가? 소변기는 샘으로 보이는가? 자전거 안장과 핸들은 황소머리로 보이는가? 바나나는 코미디언으로 보이는가? 그렇다면 아직 멀었다. 완전히 다른 것을 상상해보라. 보르헤스는 우리에게 그것을 요구하고 있다.

그의 단편소설 〈유다에 관한 세 가지 이야기〉를 보자. 유다는 누구인가? 예수를 유대인에게 팔아먹은 악당이다. 보르헤스는 다양한 해석의 가능성을 보여준다. 제1설은 하느님이 인간의 몸을 빌려 예수가 되어 지상에 왔으니 인간은 신과 같은 지위에 있을 수 없어 악당 유다의 모습으로 내려왔다고 한다. 제2설은 유다가 예수의 죽음과 부활을 위해 하느님이 부여한 업무를 성실히 수행했을 뿐이라고 한다. 제3설은 하느님이 인류의 구원을 위해 몸소 유다가 되어 이 세상에 내려왔다는 것이다. 여러분은 어떻게 생각하는가? 제4설을 만들 수 있는가?

 단편 〈허버트 퀘인의 작품에 대한 연구〉를 보자. 소설 속 소설 '미로의 신'이 나온다. 살인사건이 일어나고 지루한 토론이 이어진다. 범인은 체포되지만, 작가는 그 해결에 문제가 있다는 단서를 소설에 숨겨 둔다. 오직 똑똑한 독자만이 이상함을 느껴 앞의 글을 다시 정독하고 작가가 숨겨 둔 전혀 다른 해답을 찾아낸다. 보르헤스는 허버트 퀘인의 또 다른 작품 〈어제의 장미〉에서 그의 다른 단편 〈원형의 폐허들〉의 아이디어를 떠올렸고 〈두 갈래로 갈라지는 오솔길들의 정원〉의 챕터에 포함시켰다고 한다. 그런데 〈허버트 퀘인의 작품에 대한 연구〉도 〈두 갈래로 갈라지는 오솔길들의 정원〉의 장에 포함된 단편소설이다. 그는 무슨 말을 하고 싶은 걸까? 그는 가상과 현실을 뒤섞으며 그를 넘어설 비범한 독자를 기다린다.

 보르헤스는 우리에게 작가의 의도를 찾지 말고 작가의 친절함에 굴복하지 말라고 한다. 독서는 적극적인 탐험과 상호작용을 통해 작가를 넘어서는 창의와 창작의 과정이 되어야 한다.

 레이더 장비 연구원 퍼시 스펜서가 간식으로 가져온 초콜릿이 실험 중에 녹아버렸다. 마이크로파가 원인이었고, 그는 이를 응용해 음식을 데우는 전자레인지를 발명했다. 레이더 장비라는 영역에 갇히지 않고 가정용 전자제품이라는 '다른 영역'에서 필요한 창의를 끌어냈다. 보르헤스는 더 나아간다. 1944년 단편집 《픽션들》에서 세상에 없는 특별한 '영역 그 자체'를 창조한다.

단편 〈틀뢴, 우크바르, 오르비스 테르티우스〉에서는 백과사전에 나오는 '우크바르'라는 지명이 실재하는지 찾아 나선다. 많은 증거가 발견되지만 모두 거짓이다. 17세기부터 시작해 가상의 지역과 그 언어, 문학, 철학, 역사를 사실처럼 조작해온 집단이 있었다. 기괴한 집단의 흥미로운 취미활동이나 이상향에 불과한 걸까? 우리가 과학기술로 덧대어 만든 온라인, 모바일, 메타버스는 무엇이 다른가? 그 위에 검색, 게임, SNS, 상거래가 이뤄진다. 인위적으로 만든 세상도 공동체의 가치를 더하면 풍요로운 '삶의 영역'으로 거듭난다.

그의 단편 〈바벨의 도서관〉은 어떤가? 도서관은 처음부터 무한하고 영원히 존재한다. 동일한 형태의 책장이 육각형의 진열실을 이뤄 사방팔방으로 연결, 변화, 지속된다. 25개의 철자와 기호의 조합으로 된 책이 수없이 존재한다. 세상의 모든 책이 있는 도서관은 진리의 우주다. 사람들은 자신의 존재가치를 찾기 위해 도서관을 헤맨다. A라는 책을 찾으려면 그 장소를 가리키는 B라는 책을 읽어야 한다. B라는 책을 찾으려면 C라는 책을 읽어야 하는 등 삶을 허비한다. 불필요한 책을 찾아 제거하는 집단도 생겼다. 모든 책의 총론인 궁극의 책을 보았다고 알려진 사서는 신과 같은 대접을 받았다. 도서관은 무한하지만 주기적으로 반복된다. 무슨 뜻일까? 그는 묻는다.

"내 글을 읽는 당신은 내 말을 이해한다고 확신하는가?"

그가 말하는 도서관은 우주다. 그러기에 그가 말하는 우주를 그조차 안다고 할 수 없다. 우리가 안다고 할 수도 없다. 작가와 독자는 각자의 방식으로 도서관을 이해하면 된다. 소설을 시작한 사람은 보르헤스이지만 완성하는 것은 독자다. 그것이 보르헤스의 의도다. 작가의 영역을 넘어 '독자의 영역'으로 확장해 완성함으로써 소설가 자신의 영역도 완성한다.

단편 〈원형의 폐허들〉에서는 깊은 잠에 들어 꿈을 꾸는 방식으로 환영을 만들고 그것에 생명을 불어넣는 일을 다룬다. 온갖 난관을 겪은 끝에 생명을 만드는 데 성공한다. 그런데 결국에는 꿈을 꾸는 자신도 누군가의 꿈속에서 태어나 길러진 환영에 불과함을 깨닫는다. 이 소설은 창조의 주체조차 창조의 대상이었음을 일깨운다. 창조는 주체와 대상을 순환시키며 무한히 이어간다. 인간이 만든 AI는 인간을 대신하는 창조의 주체가 될 수 있을까? 그것이 가능하다면 언젠가 'AI를 대신하는 창조의 주체도 나오지 않을까? 그것이 다시 사람일 수도 있을까?'라는 뜬금없는 생각까지 이어가게 한다.

단편 〈두 갈래로 갈라지는 오솔길들의 정원〉은 첩보소설인데, 그 안에 또 다른 소설이 들어 있다. 그 소설에 나오는 '미로'는 몇

몇의 미래를 보여주는데, 몇 개의 시간을 동시에 창조하고 그것을 증식하며 갈라진다. A는 B를 죽일 수 있고, B가 A를 죽일 수 있고, A와 B가 모두 죽을 수 있다. 이 모든 일이 동시에 일어난다. 각각의 결말은 또 다른 갈라짐의 출발이 되고, 결국에는 그 모든 길이 같은 곳으로 모인다. 갈라지는 시공간은 선택과 중첩을 통해 창조된다. 삶의 다양성도 선택과 중첩을 통해 넓고 깊어지는 것이 아닐까. 오프라인과 온라인 등 같은 시간에 선택과 중첩된 인생을 사는 현대인의 고민이 여기서 나온다.

그의 소설은 주인공, 줄거리, 순서가 없는 등 형식을 파괴한다. 실재와 허구의 경계를 없애고 내용의 모호함을 유지한다. 작가의 생각을 말하지만 이해를 구하지 않는다. 독자에게 자신의 소설을 끝내라고 주문한다. AI 시대에 인간의 주체적 자의식을 되새길 기회를 준다.

나는 얼마나 창의적인가

미래는 AI 시대다. 기업은 기술로 고용을 대체한다. 유능한 인재조차 기업에 기댈 수 없다. 일반 생활자는 어떻게 생계를 잇고 살아남을까? AI 시대는 그들에게 기회가 되어야 한다. 국가 AI 시스템의 지원을 받아야 한다. AI를 능숙하게 활용할 수 있어야 한다. 기계적인 일 처리에 시간을 낭비할 필요가 없다. 기발한 창의와 혁신으로 무장해야 한다. 그런데 학교, 기업과 사회는 기존 틀에 박힌 교육과 눈앞의 성과를 위한 업무를 가르친다. 이런 환경에서 창의를 기를 수 있을까?

편의점 '세븐일레븐'의 로고는 '7-ELEVEn'이다. 마지막 철자 n은 대문자처럼 크기를 키웠지만 소문자다. 7과 11을 겹쳐 쓰면 n처럼 보인다. 딱딱한 대문자 끝에 소문자 n을 넣어 부드러운 느낌을 준다. 소문자이지만 당당하게 대문자와 어울린다. 작은 회사를 크게 성장시키겠다는 각오였을까? 여러 명이 식사하고 음식값을 나눌 때 n분의 1이라고 한다. 회사 가치를 고객과 나누겠다는 뜻일까? 이런 생각 자체가 창의력 훈련에 도움이 된다.

'GS25'는 왜 24가 아닌 25일까? 고객 만족 등 추가적인 가치인 plus 1을 더하겠다는 의미일까? 과거 범죄 프로그램 〈사건 25시〉가 있었다. 25를 쓴 이유는 하루 24시간을 아껴 25시간처럼 써서 범죄를 파헤치고 사각지대를 없애겠다는 뜻이 아닐까. 대형마트 '이마트'의 로고는 소문자로 'emart'라고 쓴다. 대문자보다 부드럽다. e는 노란색이고 mart는 검은색이다. e가 강조된다. e는 다양한 의미가 있을 듯하다. 매일을 뜻하는 'everyday'다. e는 우리 발음으로 '이'이고 영어로는 'this'를 가리킬까? 고객 곁에 필요한 상품과 서비스가 항상 있다는 의미일 수 있다. electronic의 e일 수도 있다. 전자적 또는 온라인으로의 연계와 확장을 고민한 것일까? e는 이롭다는 의미의 '이'와 발음이 같아, 고객을 이롭게 하겠다는 의지의 표현일 수도 있다. 다양하게 생각해보자. 창의력 훈련이 된다.

서울시청 근처에 분식집 '김앤장'이 있다. 국내 변호사 수 최대 법률사무소 '김앤장'과 이름이 같다. 그런데 '장'의 영문 철자가 다르다. 법률사무소는 'Chang'을 쓰고 분식점은 'Jang'이다. 차이는 어디서 나온 걸까? 법률사무소 '김앤장'은 외국 고객이 많기 때문에 그들의 발음을 고려한 것이 아닐까? 분식점 '김앤장'은 국내 고객이 많기에 우리나라 사람의 발음을 고려한 것이 아닐까? 단순히 '장'씨 성을 쓰는 창업자 또는 주인이 자신의 영문 이름을 그렇게 정했기에 그랬을 수도 있다. 이런 생각 자체가 창의를 일깨운다.

  과거 아파트 상가 또는 대형 상점의 오래된 간판을 보자. 추락 위험이 있어 안전이 문제되었다. 낡은 것은 보기에도 좋지 않았다. 크기와 형태도 달랐다. 요즘 간판은 안전하고 깔끔하다. 크기와 디자인은 비슷하다. 눈길이 가지 않는다. 간판은 장사꾼이 자신을 드러내는 방법이다. 경쟁자보다 도드라져 보이고 싶지 않을까? 안전과 미관을 확보하면서도 "나를 좀 보시오!"라고 외치던 옛 느낌과 가치를 살린 간판을 다시 만들면 어떨까. 옛 간판은 훌륭한 문화유산인데 규제가 간판의 틀을 굳혀 창의를 꺾은 것은 아닌지 아쉽다.

  어떤 회사에서 엘리베이터가 느리다는 불만이 나왔다. 엘리베이터를 빠르게 하려고 견적을 냈는데 큰 비용이 예상되었다. 어떻게 해결했을까? 엘리베이터 안에 큰 거울을 설치했다. 사람들은 거울을 보고 표정과 매무시를 고치느라 엘리베이터가 느린 것을 잊었다. 엘리베이터에 디지털 광고판을 설치하는 것도 효과가 있다. 수익도 생긴다. 이런 생각이 창의다.

AI는 거짓을 만드는 환각 현상으로 사실을 왜곡하고 허위 정보를 제공한다고 비판을 받았다. AI에 바라는 가치는 '지어냄'이고 창작이다. 무에서 유를 만들어야 한다면 환각은 훌륭한 창작 수단이 된다. 대상을 뒤집고 생각을 바꿔야 창의는 우리 곁에 성큼 다가선다.

오래전, 미국에서 외국인과 골프를 했다. 그날 처음 만난 사람이었다. 그분이 먼저 "May I have your name?"이라고 내 이름을 물었다. 'What's your name?'에 익숙한 나는 당황했다. 그분이 내 이름을 가진다면(have) 나는 앞으로 내 이름을 쓰지 못하는 걸까? 'What's your name?'과는 어떤 차이가 있을까? 뜻은 같지만 돌려 말하는 고상한 표현에 불과한 걸까? 황당한 생각이 머릿속에 떠돌았다. 한 번 더 말해달라고 'I beg your pardon?'의 줄임말인 "Pardon?" 하고 되물었다. 그랬더니 내게 악수를 청하면서 "Nice to meet you, Mr. 빠둔!" 하는 것이 아닌가. 일상에서 유머를 만들고 변형해보자. 창의력 훈련이 된다.

북미에서 downtown은 도시 중심부를 일컫는다. 그런데 왜 city center라는 표현을 쓰지 않을까? down은 넘어짐, 내려짐, 가라앉음 등에 쓰거나 어울리는 말이다. down이 town 앞에 붙은 이유가 궁금하지 않은가? 미국은 유럽 이민자들이 건너온 동부 바닷가에서 시작했다. 바닷가는 땅의 높이가 낮은 지역이다. 거기서 서쪽 높은 지역으로 확장했다. 처음 시작한 뉴욕 맨해튼 저지대가 가장 번성해 큰 도심을 이루자 downtown이라고 불렀다. 유럽에서는 성곽을 중심으로 도시가 발전해 downtown이 아니라 city center고 한다. 이집트, 중국, 인도 등 고대문명은 정기적으로 범람하는 강변 저지대에서 시작했는데, downtown과 비슷한 표현을 썼을까? 하찮은 것에 호기심을 갖는 것도 창의력 훈련에 좋다.

 '삼삼오오(三三五五)'는 몇 사람씩 무리 지어 있는 모습을 가리킨다. 당나라 때 시인 이백은 시 〈채련곡〉에서 "언덕에 있는 사람들은 누구 집 아들인가 / 삼삼오오 수양버들에 숨어 몰래 보고 있네"라고 읊었다. 언덕에 모인 총각들이 물가에서 연꽃 따는 처녀들을 엿보는 장면이다. 왜 삼삼오오일까? 왜 이삼사오, 삼사오륙, 삼삼사사, 삼삼육육이라고 하지 않을까? 삼삼오오는 비밀스레 대화하거나 일을 도모하기 위한 최소 무리가 아닐까. 이(2)는 너무 적고 칠(7)을 넘으면 비밀이 지켜지기 어렵다. 삼(3)이 두 번, 오(5)가 두 번 반복된 것은 사람들의 생각이 크게 한 두 갈래로 나뉘지만 통일될 가능성이 있다는 것을 의미하지 않을까. 삼삼오오는 사람에게만 쓰이는 걸까? 강아지가 몇 마리 모였을 때 쓰면 안 될까? 대화나 근심을 나누는 모습이니 적당하지 않을 수 있겠다. 미래에 AI 휴머노이드 서넛이 모여 있다면 삼삼오오라고 표현할 수 있을지 궁금하다. 이런 생각이 창의력 훈련이다.

시인 김광섭의 대표작 〈성북동 비둘기〉를 보자. 도시 재개발 등 문명이 자연을 파괴해 갈 곳 잃은 사람들의 고통을 비둘기에 빗대어 표현했다. 이 시 중 "성북동 주민들에게 축복의 메시지나 전하듯 / 성북동 하늘을 한 바퀴 휘 돈다"라는 구절이 있다. 비둘기는 성북동 하늘을 왜 '한 바퀴'만 돌은 걸까? 왜 두 바퀴, 세 바퀴, 여러 바퀴를 돌지 않은 걸까?

  성북동 주민의 행운을 기원하는 축복이지만 문명에 고개 숙인 그들에게 한 번을 넘는 축복은 주고 싶지 않았을 수 있다. 한 바퀴에 그침으로써 인간에 대한 미련을 버린 것일 수 있다. 축복 메시지를 전하듯 했지만 자기가 살던 공간이기에 그냥 한 바퀴 둘러본 것에 불과할 수 있다. 비둘기도 새로운 삶의 공간을 힘겹게 찾아야 했기에 두 바퀴 이상 돌아볼 여유가 없었을 수 있다. 유명 작가의 시, 소설 등 작품을 읽고 자기 나름의 해석을 하는 것도 창의력 훈련에 도움이 된다.

  정답만 찾지 말고 다양성을 찾자. 본문을 넘어 주석에 관심을 갖자. 교과서만 믿지 말고 참고서도 보자. 머리를 말랑말랑하게 해야 생각이 굳지 않고 창의력이 생긴다.

  나는 지하철 2호선을 많이 탄다. 역삼역 등 대다수 전철역은 중앙에 철로 2개가 있고 철로 바깥쪽으로 승강장 2개가 분리되어 있다. 전철 출입문은 오른쪽이다. 삼성역 등 전철역은 철로 2개가 1

개의 승강장을 사이에 두고 떨어져 있다. 전철 출입문은 왼쪽이다. 전철역 구조가 다른 이유는 지하철 위쪽 지상에 도로, 주택, 빌딩 등 시설의 존재와 지반 구조를 고려해 붕괴 등 재해를 피하기 위한 설계다. 전철역이 다른 호선으로 옮겨 탈 환승역이거나 그 역에서 운행 방향을 바꾸는 회차 역이라면 그렇게 만들 수 있다. 전동차 진입, 환승역 알림 등 지하철에서 사용하는 음악도 제각각 다르다. 승객의 편의를 위해서다. 이런 관심도 창의력 훈련에 도움이 된다.

복잡한 전철에서 앉아 가려면 어떻게 할까? 금방 일어날 사람 앞에 있어야 한다. 출입문이나 하차 역 표시가 있는 디지털 화면을 자주 쳐다보거나 안내방송에 귀를 기울이는 사람, 갑자기 가방을 꼭 잡거나 움직임이 많은 사람 앞이 좋다. 꾸벅꾸벅 졸고 있는 사람이나 독서에 몰입하거나 스마트폰 삼매경에 빠진 사람 앞은 피해야 한다. 하차 역까지 여유가 있다는 뜻이다. 앉아 있는 승객 앞에서 감기에 걸린 듯 기침하거나 미친 듯 연기하는 것은 비도덕적이다. 권하고 싶지는 않다. 창의력 훈련이라고 생각하고 한번 해보라.

낮 12시경 챙겨 먹는 점심(點心)의 어원을 찾아보자. '마음에 점을 찍듯' 간단하게 먹는다는 뜻이다. 당나라 스님 덕산은 여행 중 배가 고팠다. 떡을 파는 노파를 발견했다. 노파는 질문에 답을 하면 떡을 그냥 주고 답하지 못하면 돈을 줘도 팔지 않겠다고 했다.

"불경에서는 과거 마음도 얻을 수 없고, 현재 마음도 얻을 수 없으며, 미래 마음도 얻을 수 없다고 하는데, 스님은 어느 마음에 점을 찍으시겠습니까?"

덕산은 말문이 막혔다. 어떤 마음도 얻을 수 없는데 어디에 점을 찍을 수 있겠는가. 불경에 적힌 진리도 깨닫지 못하면 헛것에 불과하다. 창의력은 번득이는 아이디어를 만드는 깨달음에서 시작한다. 낡은 관념에 집착하지 말고 생각을 달리해야 창의가 모습을 드러낸다.

점(粘)에 대해 생각해보자. 점은 방향과 크기를 갖고 있지 않지만, 시작과 끝이다. 지구도 멀리서 보면 점에 불과하다. 빅뱅이 있기 전 우주도 작은 점이었다. 점은 다른 점을 만나면 선이 된다. 마지막 점이 최초의 점과 만나면 허공을 가둬 원, 면 등 모습을 만들고 정육면체 등 입체에도 이른다. 무한한 가능성이고 다양성이다. 거기에 마음을 열어야 한다. 다시 돌아보라. 나는 點을 粘이라고 오타를 냈다. 그것을 알았다면 관찰력이 좋다. 관찰은 창의력의 시작이다. 무언가를 보거나 느낄 때 차이와 특징이 무엇인지 유심히 보는 것이 좋다.

우리는 문장을 끝낼 때 마침표를 찍는다. 쉼표는 마침표에 꼬리를 붙였다. 문장을 끝내지 못하지만, 잠시 호흡을 가다듬기 위해 붙인다. 숫자는 천 단위마다 쉼표를 찍어 혼동을 피한다. 3천 원은 3,000원이다. 그런데 유럽에서는 천 단위마다 마침표를 찍는다. 3천 원은 3.000원이다. 우리나라는 소수점을 표시할 때 마침표를 쓴다. 3.3은 3에 0.3을 더한 것이다. 유럽에서는 마침표 대신 쉼표를 찍는다. 3.3은 유럽에 가면 3,3이 된다. 왜 차이가 날까? 오랜 관행이다. 나라마다 언어가 다른 것과 같은 이치다. 이런 호기심도 창의력 훈련에 좋다.

  우리는 나이가 들면서 생각의 한계를 만든다. 가정, 학교, 사회생활에서 하나의 정답만 가르친 결과다. 한계를 깨야 창의력은 싹을 틔우고 몸집을 키운다.

혁신을 위한 뒤집기

중국 춘추전국시대 장자의 《장자》〈제물론〉에 '조삼모사' 이야기가 실려 있다. 송나라 저공은 원숭이를 길렀다. 원숭이 먹이인 도토리가 부족해 1일 제공량을 줄였다. 아침에 3개, 저녁에 4개를 주자 원숭이가 화를 냈다. 거꾸로 아침에 4개, 저녁에 3개를 주면 어떠냐고 하자 좋아했다. 눈앞 이익에 급급해 멀리 보지 못할 때 비웃는 말이다.

도토리 부족이 일시적인 현상이라면 문제 될 것이 없다. 하지만 장기적인 현상이라면 어떨까? 저녁에 4개를 준다는 약속은 지켜지지 않을 수 있다. 원래 먹이량을 알 수는 없지만, 먹이 감소가 추세가 되면 더욱 위협적이다. 1일 제공량이 같더라도 아침에 1개를 더 받는 편이 낫지 않을까. 똑똑한 원숭이라면 도토리를 잘게

부숴 물을 부어 양을 부풀릴 수 있다. 도토리묵을 만들어 팔아 이익을 얻을 수 있다. 도토리의 가치가 높다면 시장에서 다른 먹이로 교환해 비축할 수 있다. 아침과 저녁 사이 '시간'이라는 가치를 활용하면 된다. 원숭이가 어리석다고 단정할 수 없는 이유다.

  미국 스탠퍼드대 월터 미셸 박사의 1960년 마시멜로 실험은 어떤가. 아이들에게 마시멜로를 하나씩 나눠 준다. 15분간 먹지 않고 참으면 마시멜로 1개를 더 준다고 제안한다. 아이들 중 3분의 1만 자제력을 발휘해 마시멜로 1개를 더 받았다. 이 아이들의 성장 후를 추적했다. 자제력이 높은 아이들은 학교와 직장에서도 남다른 성과를 냈다. 실험은 자제력이 높을수록 성취도가 높다는 결론에 이른다. 미래의 불확실성보다 현재의 확실성을 선호하는 것은 생명체의 본능이다. 자제력을 발휘해 이익인 경우가 있고 그렇지 않을 수도 있다. 도토리, 마시멜로는 소비재 음식이다. 추가적인 가치를 창출하기 어렵다. 기다리지 말고 미리 받아 바로 먹어도 된다. 그것이 미래의 성과까지 좌우한다니 황당하다.

  도토리, 마시멜로가 아니라 암호화폐, 게임 아이템 같은 것이면 어떨까? 가치의 추가적인 창출이 가능하다. 시간은 돈이다. 작은 이익에 연연해 시간을 낭비하지 말자. 스트레스를 받으며 참아야 했던 그 15분, 아침과 저녁 사이의 시간을 낭비하지 말고 활용하면 된다. 미리 받은 암호화폐를 투자, 매매 등 거래해 수익을 창출할 수 있다. 게임 아이템을 미리 활용하면 게임 성적을 빨리 높일 수 있다. 15분 또는 저녁까지 참고 기다리는 것은 어리석다. 자제력보다 시장과 상품에 대한 정확한 이해와 판단이 앞서야 한다. 결정은 빨리 실행되어야 한다. 공동체의 법제도와 시장 시스템이 안정적이고 신뢰할 수 있는지도 중요하다.

　마시멜로 실험을 응용해보자. 월터 미셸 박사가 오전 9시에 현금 10만 원을 준다. 받지 않고 오후 6시까지 참으면 20만 원을 준다. 당신은 어떻게 할 것인가? 오전 9시에 10만 원을 받는다고 해서 자제력이 떨어진다고 할 수 있을까? 미래에도 무능한 사람이 되리라 단정할 수 있을까? 시장에 변화와 기회가 없다면 오후 6시까지 기다리는 것도 한 방법이다. 그렇지 않다면 어떨까? 10만 원은 주식 등 투자를 통해 가치를 높일 수 있다. 오전 9시에는 10만 원에 불과해도 오후 6시에는 20만 원의 가치를 훨씬 상회할 수 있다. 자제력 있는 사람이 오히려 무능할 수 있다. 시간을 활용하면 추가적인 가치와 효용을 창출한다. 이를 위해서는 창의를 장려하는 공동체의 법제도와 시장 시스템을 고도화해야 한다.
　창의력을 위해서는 통념을 뒤집어야 한다. 통념은 동서고금의 누군가 만들고 많은 사람이 따랐던 이야기에 불과하다. 그 교훈과 해석에 얽매일 필요가 없다. 그때 옳았다고 해서 지금도 옳은 것은 아니다. 통념에 대한 생각을 끊임없이 뒤집어야 한다. 17도, 46도, 150도, 350도 등 각도와 방향, 앞뒤를 달리해 뒤집어보자.

뒤집고 뒤집어 더는 뒤집을 것이 없고 해결책이 보이지 않을 때는 자신까지 뒤집어야 한다. 생각이라는 알고리즘은 끊임없이 뒤집는 시도를 통해 개선되고 창의력을 탄탄하게 만든다.

  생각 뒤집기를 넘어 행동 뒤집기에 나서야 창의력이 커진다. 철학자 질 들뢰즈에서 시작하자. 서구의 이분법 역사는 옳음과 그름, 진짜와 가짜로 편을 가르고 서로를 제거하며 성장했다. 수직적 계급의 위계질서와 통제 시스템을 이용했다. 반복을 거듭하며 발전했지만 성장이 더뎌지면서 갈등과 대립이 생겼다. 그는 해결책으로 줄기가 땅속으로 들어가 뿌리처럼 사방팔방 뻗어가는 식물에 착안해 수평적 '리좀' 모델을 제안했다. 질서와 위계 없이 자라다가 다른 것을 만나면 접속과 분리, 결합과 분해를 거듭한다. 장애물을 만나면 뚫거나 우회하고 결합해 성장한다. 줄기, 뿌리, 몸통이 따로 없다. 질서는 있으되 위계는 없다.
  동질적이고 낡은 체계에 안주하지 않고 이질적이고 새로운 체계를 받아들여 새로운 가치를 만든다. 꽃은 벌을 끌어들이려 냄새를 만들고 벌의 색깔을 모방한다. 꽃이라는 자신을 벗어나 확장을 거듭한다. 벌도 꽃으로 영역을 확장하고 꽃이 만든 생태계의 일부가 된다. 꽃은 벌에 의해 꽃가루가 옮겨지면서 또 다른 세계로 나아간다. 그것이 리좀 모델이다. 기존에 구축된 것을 단순히 옮기는 것이 아니다. 과거를 재현하지 않고 현실을 끊임없이 개조해 새로운 가치와 미래를 창조한다. 나의 삶을 다른 대상의 삶과 엮어 변화무쌍한 생태계로 만든다.

인터넷은 미국 국방부가 군사정보 관리를 위해 만든 컴퓨터 네트워크를 개방하면서 시작했다. 세계를 온라인으로 연결해 상거래, 엔터테인먼트, SNS, 미디어 등 다양한 형태로 접속, 일탈, 변형을 거듭했다. 온라인 범죄도 발생했지만 동시다발적이고 이질적이며 불연속적인 확장은 한두 국가의 규제로 막을 수 없었다. 법령이나 자율규제 등과 충돌, 우회, 순응하면서 발전했다. 오프라인을 넘어 온라인, 모바일을 만들고 메타버스로 영토를 확장한다. 챗GPT, 딥시크 등 생성형 AI 모델도 인터넷에서 태어나 리좀처럼 자라고 있다.

백화점에는 창문이 없다. 고객의 관심을 상품에 집중할 수 있다. 외부에서 오는 빛이 없으므로 조명을 활용해 상품을 매력적으로 만든다. 고객은 백화점 이곳저곳을 누비며 시각을 자극하는 상품을 찾는다. 좀더 나아가면 어떨까? 인간은 주어진 것을 쉽게 얻기보다 찾는 것에 의미를 둔다. 점포 사이의 칸막이를 없애고 사냥터를 누비듯, 미로를 탐험하듯 어떤 브랜드를 통과해 또 다른 브랜드와 다른 곳으로 자연스레 넘어가는, 재미있는 '땅속 환경'을 만들면 좋겠다. 시각을 넘어 청각, 후각, 촉각, 미각 등 융합적이며 복합적인 감각으로 접촉면을 넓혀야 한다. 바야흐로 고객이 백화점의 진정한 주인이 된다. 모든 동식물은 생존을 위해 끊임없는 일상을 '반복'하지만, 거친 환경에 따라 변화하는 '차이'를 찾지 못하면 멸종한다. 차이를 찾거나 만드는 데 행동을 집중한 것만 살아남는다. 항상 가던 길이 아닌, 낯선 길로 가보자. 목표에 가장 가까운 길만 찾지 말고 멀리 돌아가는 것도 좋다. 매번 하던 운동 말고 다른 운동을 해보고 운동 순서도 바꿔보자. 머리까지 피가 돌게 하자. 클래식 음악을 좋아했다면 댄스 음악을 즐겨보자. 낯선 언어를 배워보자. 편안함을 버리고 어색함을 찾자. 창의란 조건과 한계를 깨고 달리 행동할 때 다가온다. 잘못된 교육은 창의를 감옥에 가두고 누구에게나 똑같은 목표를 준다. 똑같은 행동을 요구하고 우열을 따져 대학과 직장을 분배하는 것은 산업화 시대에는 통했더라도 이제는 미래를 가로막는 족쇄다.

　차이를 찾고 만드는 행동이 중요하다. 일상의 반복에서 불량이나 다른 것이 나왔을 때 다시 보자. 동료들과 토론하고 문헌을 찾아보자. 뒷날을 위해 기록하고 관리하자. 불량도 모아 두자. 언젠가 차이가 될 수 있다. 나중에 다시 꺼내 연구하고 실험하자. 3M의 포스트잇도 접착력이 떨어지는 불량에서 시작했다. 다른 것과 결합해보고 떼어놓고 다시 보자. 반대를 극복하려면 행동은 다소 거칠어도 좋다. 생각을 넘어 행동으로 보여야 창의력이 자란다.

무엇이 새롭고
어떻게 다른가

휴대폰과 결합 할인을 통해 '무늬만 성장'을 거듭하던 IPTV 등 기존 유료방송 시스템이 주춤하고 있다. 고객은 IPTV를 휴대폰, 인터넷 상품에 같이 묶어 한 업체를 이용하지만 애착이 없다. 결합 할인을 받고 있기에 업체를 옮기기 번거롭고 옮겨도 차이가 없다. 사랑이 식은 사람을 만나고 있다면 이런 느낌일까? IPTV를 품던 따뜻한 물은 식어가고 있다. 정신 차리지 않으면 여름에도 얼어 죽는다. IPTV 혁신이 더딘 사이에 고객은 글로벌 콘텐츠로 무장한 넷플릭스, 틱톡, 유튜브 등 온라인 동영상 플랫폼(OTT)에 마음을 빼앗기고 있다.

 2008년 IPTV 도입을 위한 법률 제정 당시 지역별로 유료방송을 독점하던 케이블방송사들의 반대가 거셌다. 나는 국회 공청회에 참석해 전문가 입장에서 진술했다. 지역에서 생산된 소주를 해당 지역별로 독점 판매할 것을 강제하던 주세법이 헌법재판소 위헌결정을 받았다고 소개했다. IPTV를 도입해 유료방송의 지역 독점을 없애고 경쟁 시스템을 갖춰야 한다고 했다. 그런데 국회의원 한 분이 준엄한 표정으로 나를 꾸짖었다. 국민을 위한 공적 재화인 방송을 소주 따위에 비유할 수 있느냐는 것이었다. 공청회를 나오는데, 누군가 내 팔을 붙잡았다. 방송은 보지 않아도 되지만 소주 없는 세상에 살 수 있겠느냐며 제대로 대응하지 못했다고 나무랐다.

당시 IPTV는 통신과 방송을 융합한 혁신 상품으로 관심을 모았다. 현재의 평가는 어떨까? 화질은 개선되었지만 통신시장 자금력으로 케이블방송 시장을 흡수했을 뿐 발전으로 보기는 어렵다. 고객을 리드하는 수준 높은 양방향 서비스를 기대했지만 주문형 비디오(VoD)에 그치고, 시대적 요구를 따라잡지 못했다. 방송의 질적 수준은 나아지지 않았고, 홈쇼핑 송출 수수료 수익에 의존했다. 최근 AI를 이용해 고객 시청 이력과 취향을 고려한 콘텐츠, 쇼핑 추천 등 맞춤형 서비스와 자체 콘텐츠 제작을 통해 돌파구를 찾고 있다. 그러나 TV 시청 가구 감소, 모바일 중심의 생활환경 등 추세를 따라잡지 못하고 있다. 온라인방송의 강자로 등장한 글로벌 OTT를 모방하며 허겁지겁 따라가고 있을 뿐이다.

그렇다면 어떻게 해야 할까? 첫째, 가입비(설치비 포함) 정도를 받고 무료 서비스를 기본으로 해야 하지 않을까. 무료 서비스를 기본으로 하되 그 위에 다양하고 가치 있는 유료 콘텐츠를 많이 올려야 한다. 둘째, 오마카세 횟집처럼 만들면 어떨까? 미리 예고된 방송을 예고된 시간에 내보내는 것은 긴장감과 기대감을 주지 못한다. 틱톡, 유튜브처럼 뜻밖의 콘텐츠를 맞닥뜨릴 수 있어야 한다. 내가 선택해서 보는 방송은 내가 만든 방송처럼 애착이 있다. 익숙함에서 벗어나 기분 좋은 놀라움을 줘야 한다.

아울러 원 소스 멀티 유스 전략을 고객에 맞게 시스템화해야 한다. 제작된 콘텐츠를 다른 방송사가 이용할 수 있도록 공급하고, 소설, 영화, 카툰 등으로 원작을 그대로 또는 변형해 확장할 수 있어야 한다. 다양한 디바이스에서 이용하도록 하는 것도 잊지 말자. 디바이스별 화면 크기, 접근 방법, 이해도가 달라도 좋다. 다양성을 고려해 방송을 제작하고 최적화와 차별화를 통해 많은 채널과 디바이스에서 효과적 접근이 가능해야 한다. 모바일 중심의 콘텐츠가 될 수도 있고, TV 중심의 콘텐츠가 될 수도 있고, 다른 형태도 가능하다. 아울러 홈쇼핑 채널 송출료 의존도를 낮춰 상생의 길을 고민해야 한다. 방송 채널 공급자가 훌륭한 콘텐츠를 만들어 공급할 수 있도록 규제도 대폭 완화해야 한다. 마지막으로, 기업 및 소상공인, 개인에게 방송 프로그램 내 또는 밖에서 사업 기회 발견 및 참여 기회를 많이 제공해야 한다.

무너질 때는 중력이 작용하듯 가속한다. IPTV를 살리려면 OTT 흉내내기 식의 미봉책이 아니라 근본을 바꾸는 창의로 거듭나야 한다.

  1863년 프랑스의 봄, 젊은 화가는 국가 살롱 전시회에 작품을 출품했다가 심사에서 떨어져 깊은 상심에 빠졌다. 그러나 그는 포기하지 않았고 나중에 인상주의 화풍의 시조가 된다. 에두아르 마네다. 인상주의 화가들은 인물, 풍경 등 대상을 있는 그대로 그리지 않고 자신이 느끼는 감각을 그림으로 우려냈다. 당시 미술계는 국가 주도의 제도권 미술이 장악하고 있었다. 대상을 실감나게 화폭에 옮기는 작품을 우대했다. 원근법의 충실함, 묘사의 세밀함 등 엄격한 심사를 거쳐 살롱 전시회 출품작을 선정했다. 나폴레옹 3세 치하의 살롱 전시회는 출품작 5천 점 중 무려 3천 점이 낙선했다. 기존 화풍에 도전하며 새로운 미술을 개척하던 젊은 화가들의 충격과 반발은 컸다. 급기야 나폴레옹 3세는 낙선작을 별도로 모아 전시회를 개최하라고 지시했다.

  마네도 〈풀밭 위의 점심식사〉 등 낙선했던 세 작품을 전시회에 출품했다. 평면적이고 입체감이 없다, 원근법을 무시했다, 세밀하지 못하다, 배경이 사실적이지 않다, 나체의 여인이 풀밭 위에 앉아 비웃듯 쳐다보는 모습은 천박하다 못해 불쾌하다는, 귀에 담지 못할 혹평을 들었다. 여성과 아이들에게 그림에 가까이 가지 말라고 경고문이 붙기도 했다. 몇몇 화가의 생각은 달랐다. 마네의 그림에 감동을 받은 그들은 별도 모임을 만들어 기존과 다른 화풍을 발전시켰다. 그러나 그림은 팔리지 않았고 생활고에 시달렸다. 지금은 어떤가? 미술을 모르는 사람도 마네, 모네, 고흐 등 인상주의 화가만은 알고 있다. 그들의 그림은 경매에서 수백억 원을 오르내린다. 제도권 미술의 지탄을 받던 그들은 어떻게 이런 명성을 얻었을까?

인상주의 그림은 기존 고전주의 그림과 달랐다. 다르다는 것은 무엇인가? 똑같은 그들에게서 나를 끄집어내고 어떤 차이가 있는지 보여야 한다. 사진이 등장한 세상에서 사물을 베낀다면 그림 기술자에 지나지 않는다. 우아하지만 서서히 침몰하는 난파선에 있을 수는 없다. 새로운 길을 찾아야 한다. 도망가는 것이 아니라 낡음을 청산하고 새로운 가치로 우뚝 선다. 그것이 인상주의가 걸어온 길이기에 미술을 모르는 이들도 인상주의를 알 수밖에 없다. 그들은 화실에서 뛰쳐나와 눈에 비치는 대로 야외의 감각적인 순간을 담았다. 고전주의 화가와 달리 대상을 있는 그대로 재현하지 않았다. 그것은 사진기 같은 기계가 할 일이었다. 대상이 시각세포를 통해 뇌를 자극하면 그때의 감정을 정확하게 끄집어내어 그림에 옮겼다. 자신들이 고전주의 화풍과 어떻게 다른지 행동과 그림으로 보였다.

같은 생각을 가진 화가들을 모아 화단을 형성하고 협력했다. 제도권 살롱이 거부하면 그들만의 전시회를 따로 열었다. 빛의 움직임을 화풍에 반영하는 등 안주하지 않고 다양한 실험을 거듭했다. 그들은 미술이 죽지 않고 살아 꿈틀대고 있음을 보여주었다. 물론 인상주의가 정체성을 명확히 했다는 것만으로 바로 가치를 인정받지는 않았다. 관객이 지갑을 열지 않으면 예술가의 삶은 고단하다. 그때 행운이 찾아왔다. 미국의 경제성장으로 미술품 수요가 폭발적으로 늘었다. 고리타분한 주류 미술보다 도전적인 인상주의 화풍이 미국을 닮았다고 보고 마음과 지갑을 열었다. '다름'을 드러내고 때가 오기를 '인내'로써 기다린 결과다.

창의는 그런 것이다. 수많은 무리에 속해 있으면 다름이 드러나지 않는다. 자신의 다름을 보여야 한다. 왜 다른지 설명할 수 있어야 한다. 다름의 가치를 만들고 키워야 한다. 함께할 동료를 모아야 한다. 때를 만들고 기다려야 한다.

낡은 19세기에 인상주의 화가들이 보여준 창의는 AI 시대에 우리가 그토록 찾아 헤매는 창의와 다르지 않다. 제도권 미술에 밀려 낙선한 자신의 작품을 껴안고 울분을 삼키면서도 포기하지 않았던 에두아르 마네를 다시 주목해야 하는 이유다.

버려진 그곳에서
시작하라

모방은 사람 또는 사물의 모양, 행동을 관찰하고 따라하는 행위다. 학습의 일종으로 전통과 문화 발전을 이끄는 공동체 원동력이다. 곤충 나뭇잎나비와 물고기 리프피시에게 모방은 곧 생존이다. 나뭇잎처럼 몸을 꾸며 천적에게서 자신을 지킨다. 모방은 좋기만 한 걸까? 타인의 창작을 베끼면 저작권 침해 등 불법행위다. 그렇다면 모방에서 창의를 찾을 수는 없을까?

 남미 작가 보르헤스의 단편 〈피에르 메나르, 돈키호테의 저자〉를 보자. 피에르 메나르의 1900년대 작품은 세르반테스의 1605년 작품 《돈키호테》 1부의 9장, 38장, 22장에서 언어, 문장 등 표현을 그대로 베꼈다. 펠리페 2세, 종교재판소의 이교도 처형 등 시대에 맞지 않은 내용은 제외했다. 보르헤스의 평가는 어땠을까?

300년의 시차를 이용해 '독자마다 새롭고 다양한 감흥을 주어 독서를 풍부하게' 했다며 새로운 창작으로 인정했다.

마르셀 뒤샹은 1917년 상점에서 구입한 평범한 남성 소변기 귀퉁이에 제조업자 R.Mutt를 적어 넣고 〈샘〉이라는 제목을 붙여 발표했다. 변기의 일상적인 용도와 가치를 버리고 '샘'이라는 정체성을 부여했다. 변기를 모방한 작품 〈샘〉은 창의일까? 마우리치오 카텔란의 2019년 작품 〈코미디언〉은 어떤가? 전시회장 벽면에 바나나 1개를 공업용 테이프로 붙여 놓은 작품이다. 바나나는 시간이 지나면 썩는다. 관객이 떼어 먹기도 했다. 때가 되면 바나나를 교체한다. 무슨 의미일까? 바나나는 상품 생산, 유통, 소비 등 국제무역을 상징한다. 썩고, 먹히고, 교체되는 것은 바나나 농장의 노동 착취, 살충제로 인한 건강 악화, 자연 파괴와 개선 없는 반복을 뜻한다. 바나나를 모방한 작품 〈코미디언〉은 창의일까?

모방은 재현을 벗어나야 창의가 될 수 있다. 철학자 질 들뢰즈의 의견을 들어보자. 회화의 본질은 감각의 전달이다. 사람이나 사물을 재현하는 데 그칠 수 없다. 재현을 극복하기 위한 노력에 추상이 있다. 몬드리안의 그림은 형형색색의 선과 면으로 표현하는 기하학적 추상이다. 너무 학문적이고 지성적이기에 표현하고자 하는 대상의 감각을 제대로 전달하지 못한다. 잭슨 폴록의 그림은 물감 흩뿌리기 등 액션 페인팅을 통해 표현하는 서정적 추상이다. 지나치게 무질서해 대상의 감각을 제대로 전달할 수 없다. 추상은 관객을 어리둥절하게 한다. 재미있거나 감동적인 '스토리'를 따로 입혀야 관객이 호응한다.

정답은 프랜시스 베이컨의 그림에 있다. 사람이나 사물을 비슷하게 재현하지만 별도의 '핵심 추출과 극적 변형'을 거쳐 대상의 감각을 드러낸다. 추상과 다른 형상이다. 잘린 고깃덩이 같은 얼굴과 몸속 근육을 격렬하게 뒤틀어 드러냄으로써 창조와 생성의 단계로 진입했다.

그대로 베끼는 단순 모방에서는 창의를 찾을 길이 없다. 작가, 미술 마케터의 구구절절한 해석과 그럴듯한 '스토리'를 덧대어도 한계가 있다. 모방에서 창의를 찾으려면 대상에서 핵심을 추출하고 그것을 극적으로 변형할 수 있어야 한다. 핵심 추출과 극적인 변형에서 나오는 특유의 감각과 가치를 관객에게 전달해야 한다. 그것이 가능하다면 모방은 더이상 모방이 아니다. 틀을 깨고 나와 창의가 된다.

평론가 발터 벤야민은 기술시대는 무한복제가 일어나 가짜가 판치고 진짜의 아우라가 죽는다고 했다. 창의 없는 모방에 오염된 세상이 그런 곳이다. 그러나 모방과 같은 가짜라도 가치를 더하고 신뢰를 얻으면 진짜를 뛰어넘는 아우라를 가질 수 있다. 3M의 포스트잇은 강한 접착제를 모방했지만 실패했다. 대신에 약한 접착력과 떼었다 붙였다 하는 지속성을 핵심으로 추출했다. 종이와의 결합이라는 극적 변형을 더해 창의가 되었다. 그 안에는 모방에 그치거나 반복에 머물지 않고, 그곳에서 자신만의 세상을 연 이들이 있다.

반복은 같은 일을 되풀이하는 것을 일컫는다. 반복에도 창의가 있을까? 2005년 미국에 태풍 카트리나가 왔을 때 해수면보다 낮은 도시 뉴올리언스가 위험했다. 국토안보부 재난 책임자는 반복적인 태풍에 성공적인 대처 경험이 있는 최고 전문가였다. 초기 다양한 경로에서 제방 붕괴, 홍수 위험 보고를 받았다. 그러나 붕괴된 제방이 없다는 육군공병대 보고와 통제 가능한 수준이라는 재난관리청 보고, 유명 뉴스 채널의 뉴올리언스 축제 보도 등을 믿었다. 그 결과 국가 긴급 대응에 필요한 골든타임을 놓쳤다. 그는 다른 태풍과 같이 취급해 초기 보고를 예전처럼 과잉 보고로 불신했다. 평소대로 육군공병대, 재난관리청, 유명 뉴스 채널 보도를 믿었다. 유능한 자의 치명적인 오판으로, 최악의 참사를 막지 못했다. 성공적이었던 과거 업무 방식을 반복하다가 새로운 양상을 간과하고 창의적인 사고와 판단을 하지 못했다.

1890년대 작가 기 드 모파상은 파리 에펠탑 안에 있는 식당을 즐겨 찾았다. 누군가 에펠탑을 좋아하는 이유를 물었다. 그의 대답은 반대였다.

"여기서는 에펠탑을 보지 않아도 되니까."

1889년 파리 만국박람회 개최를 기념해 구스타브 에펠이 세운 에펠탑은 혹평을 받았다. 무게 7천 톤, 높이 320미터의 철골 구조물은 석조건물의 도시 파리와 어울리지 않았다. 통신, 방송 중계 송신탑 등 산업 용도를 인정받아 수많은 철거 위기를 넘겼다. 석조건물의 반복에서 튀어나와 산업시대를 처음으로 알린 철조건물의 승리였다. 그것은 이후 세계적인 기념물이 되면서 에펠의 창의는 인정받았다.

경험, 관행과 지속적인 개선에 따른 반복이 항상 나쁜 것은 아니다. 숙련도를 높여 불량과 오류를 줄이고 업무처리 속도를 높인다. 문제점은 발견 즉시 제거된다. 업무 매뉴얼과 높은 수준의 업무 패턴을 요구한다. 반복은 산업시대에 큰 역할을 했다. 공장에서 분업과 협업에 따라 각자 맡은 반복적인 역할을 효과적으로 수행해 성과를 냈다. 그러나 반복은 동일화, 규격화를 요구하면서 차이를 발견해 다르게 생각할 기회를 줄였다. 미래는 패러다임 변화가 급격한 시대다. 어제 옳았던 방법이 오늘은 옳지 않을 수 있다. 지난날의 성공에 취해 업무마다 그대로 적용해 반복하지만 따분한 '되풀이'가 될 뿐 경쟁을 이기는 창의를 낳지 못한다.

반복에 감춰진 창의를 찾아야 한다. 화가 클로드 모네는 루앙 성당을 반복해서 그렸다. 날씨와 시간에 따라 시시각각 변하는 대상과 빛의 움직임을 40장의 그림으로 옮겼다. 같은 성당을 그렸지만 빛의 모양이 다르니 같은 그림일 수 없다. 차이가 있는 40장의 다른 그림이다. 대상을 재현하지 않고 빛의 움직임을 파악해 그리는 인상주의의 시작이다. 기존의 반복된 화풍과 달라 혹평을 받았지만 대표적인 미술사조가 되었다.

  창의를 얻으려면 반복에 안주하지 말고 차이를 찾는 능력을 길러야 한다. 반복이 오래될수록 불량과 오류는 찾기 쉽지만 차이는 버려지기 쉽다. 차이를 불량, 오류와 구별하는 능력이 부족하기 때문이다. 반복에서 불량, 오류나 다른 것이 나올 때 다시 들여다보자. 동료들과 토론하자. 뒷날을 위해 기록하고 관리하자. 불량도 모아두자. 지금은 불량이지만 언젠가 창의의 단서가 될 수 있다. 나중에 다시 꺼내 연구하고 실험하자. 다른 것과 결합해보고 떼어내보기도 하자. 발견된 차이를 반복해보자. 차이를 다른 차이에 결합하고 힘을 주는 강도를 달리해보자. 업무 환경을 바꾸는 것도 좋다. 변화는 생각을 다르게 한다. 때로는 현안에 집중하지 말고 한 걸음 떨어지자. 다른 사람의 의견을 존중하자. 그 다른 사람이 나보다 똑똑할 필요도 없다. 다르게 봐줄 수 있으면 된다.

  다르게 볼 수 있다면 진짜를 능가하는 창의도 충분히 가능하다. 지폐를 위조해 진짜인 것처럼 유통한다. 저명한 화가의 그림을 베껴 진짜라고 속여 판다. 있지도 않은 사실로 가짜뉴스를 만든다. 진짜의 가치를 떨어뜨리고 공동체의 신뢰를 훼손하는 범죄이고, 가짜다. 그렇다면 진짜와 가짜의 경계는 무엇이고, 가짜는 무조건 나쁘기만 할까?

플라톤의 '동굴 비유'를 보자. 동굴 안에 죄수가 묶여 있고 벽에 비친 자신의 그림자만 보고 있다. 누군가 탈출해 바깥세상을 보고 돌아와 진짜 세상을 찾았으니 가짜 세상에서 나가자고 했다. 동료는 어떻게 반응했을까? 벽에 어른거리는 그림자가 저렇게 생생한데 가짜일 리 없다며 믿지 않았다. 우리가 사는 세상은 진짜일까? 집단적인 착각에 빠져 가짜 세상을 진짜라고 믿고 있는 것은 아닐까? 오늘날 우리 삶은 오프라인에 그치지 않는다. 온라인, 모바일, 메타버스로 확장한다. 그곳은 오프라인을 본뜬 가짜 세상이다. 그곳에서 쇼핑을 하고, 사람을 사귀고, 일을 한다. 가상인간, 아바타 등 분신이 나를 위해 일하고 있다. 온라인, 모바일, 메타버스가 가치와 신뢰를 더하면서 삶의 공간이라는 공동체의 가치를 획득했다. 진짜와 가짜의 경계가 무너지고 있다.

진짜를 베꼈지만 그를 능가하는 가짜가 있다. 생쥐와 미키마우스를 보자. 생쥐는 질병을 옮기는 혐오스러운 작은 동물이다. 미키마우스는 생쥐를 본뜬 가짜이지만 모든 어린이가 좋아하는 캐릭터다. 테마파크, 애니메이션, 장난감 등 다양한 형태로 즐긴다. 진짜를 제치고 가치와 신뢰를 얻었다. 사진작가 안드레아 거스키는 아름다운 해질녘을 찍은 일몰 사진 〈Untitled(무제) Ⅱ〉를 출품했다. 그는 전시회 도록에서 〈Untitled Ⅱ〉가 있는 페이지를 펼치고 카메라를 들었다. 도록은 기껏해야 3만~5만 원의 가격에 팔린다. 그러나 도록에서 〈Untitled Ⅱ〉가 있는 페이지를 펼치고 찍은 사진(〈Untitled ⅩⅤⅡ〉)은 수백 배의 가치를 더한다. 가짜가 의미가 없다고 할 수 있겠는가.

　화가 데미안 허스트는 형형색색의 작은 원으로 가득한 그림 〈화폐〉를 1만 점 제작했다. 모두 디지털로 전환해 대체불가능 토큰인 NFT로 만들었다. 고객에게 1점당 2천 달러, 총 2천만 달러 어치를 판매하면서 종이 작품과 NFT 중에서 선택하게 했다. 그중 NFT를 선택한 고객 4,851명을 위해 종이 작품 4,851점을 직접 불에 태우는 퍼포먼스를 선보였다. 손에 잡히는 진짜는 불태워지고 가상으로 존재하는 NFT만 남았다. 디지털 작가 매튜 스톤은 투명 유리판에 페인트로 그림을 그리고 여러 패턴으로 컴퓨터에 저장했다. 3D 소프트웨어로 합성해 디지털 이미지로 만들고 특수 프린터를 써서 캔버스에 찍어냈다. 그의 작품은 디지털 이미지가 진짜일까, 아니면 캔버스에 출력한 것이 진짜일까?

　가짜가 신뢰를 얻으면 진짜보다 더 높고 깊은 '아우라'를 가진다. 도로가 아무리 좋아도 자동차가 다니지 않으면 가치를 잃는다. 자본주의 세상도 그렇다. 성장을 멈추면 갈등과 분쟁 등 온갖 문제점이 드러난다. 오프라인에서 온라인, 모바일, 메타버스로 시장을 끊임없이 넓히려는 이유다. 처음에는 오프라인에서 팔던 상품을 온라인, 모바일, 메타버스에서 싸게 파는 것에 그친다. 그러나 미래에는 그곳에서만 파는 고유한 상품이 나와야 한다. 나를 위해 일하는 아바타에게 100만 원짜리 명품 의류를 입힐 수 있지 않을까. 가죽과 천으로 만들지 않은 가상 의류 신상품이다. 우리는 게임 아이템을 돈을 주고 산다. 오프라인에서는 쓸모없지만, 온라인에서 게임을 재미있고 쉽게 하기 위해서는 필요하다. 미래에 그런 상품이 많아지고 거래가 활성화되면 더는 거품이 아니다. 가짜의 아우라가 만드는 또 하나의 실물경제다. 우리나라 디지털 경제가 성장할지 여부는 여기에 달려 있다.

　나쁜 가짜와 좋은 가짜를 구별할 줄 알아야 한다. 가짜의 가능성을 집요하게 묻고 찾아 공동체의 가치를 더하고 신뢰를 얻으면 '진짜를 능가하는 창의'가 된다.

그들의 선택을
나무라지 마라

죄도 없이 체포되어 사형이 선고되면 어떤 기분일까? 내가 젊을 때는 가진 것 없어도 미래는 좋을 것이라는 희망이 있었다. 요즘 MZ세대는 어떨까? 경제는 저성장의 늪에 빠져 나아질 기미가 없다. 지독한 형벌처럼 암울한 미래를 선고받은 세대다.

'꼰대'의 역사를 보자. 기원전 1700년경 수메르 점토판에 새겨진 글이다. 부모에게서 들을 모든 악담의 백화점이다.

"어디에 갔다 왔느냐? 학교에 가지 않고 왜 빈둥거리느냐? 철 좀 들어라. 왜 그렇게 버릇이 없느냐? 선생님을 존경하고 인사를 자주 드려라. 수업이 끝났는데 집에 오지 않고 어딜 돌아다니느냐? 왜 공부하지 않느냐? 자식이 아버지 직업을 물려받는 것은 신이 내린 운명이다. 열심히 공부해 나처럼 공무원이 되어라."

미래가 발악해도 푹푹 빠지기만 하는 거대한 늪이라면 어떻게 해야 할까? 부모, 선생님과 상사의 말을 잘 들으면 해결될까? 불행히도 거기에 정답은 없다.

MZ세대는 미디어 등 데이터 소비 방식도 다르다. 데이터 홍수 속에서 살아남기 위한 몸부림일까, 아니면 도피처를 찾는 걸까? 긴 것은 보지 않는다. 짧은 것도 2배속으로 본다. 기승전결, 스토리, 서사 등 기본 체계도 싫다. 감각적으로 몰아치는 것이 좋다. 그것이 나쁜 걸까?

기업은 직원이며 고객인 MZ세대를 연구하고 있다. 트렌드를 찾을 수는 있어도 왜 그렇게 생각하고 행동하는지 알기 어렵다. 우리의 부모세대는 교육을 제대로 받지 못했다. 힘들게 벌어 자식교육에 모두 썼다. 우리 세대는 어떤가? 경제성장기에 부모보다 더 많이 배우고 더 쉽게 성공했다. 우리가 결정하고 실행하면 거의 목표를 이루었다. 우리가 잘나서 그런 줄 알았다. 부모 말도 듣지 않고 자식에게 이래라저래라 했다. MZ세대는 어떤가? 부모보다 더 많이 배웠다. 그런데도 일을 찾기 어렵고 성공은 하늘의 별따기다. 자기들보다 덜 배운 부모세대가 성공했다는 이유만으로 낡은 교과서처럼 읊어대는 것이 싫다. 그들의 휴대폰을 들여다보라. 거기에 꼰대라고 적힌 연락처가 나오면 바로 당신이다.

MZ세대는 부모가 들어가길 바라는 공무원, 대기업 등 그 좋은 일자리를 들어가자마자 박차고 나온다. 이유도 다양하다. 더이상 조직이 개인의 미래를 책임지는 시대가 아니다. 과거에는 대학만 나오면 가르쳐 썼다. 평생직장이었다. 경제가 지속적으로 성장해 그래도 되었다. 하지만 지금은 저성장시대다. 사람에 너무 많은 돈을 쓰기 어렵다. 지금은 디지털 시대다. 단순 반복 업무를 하는 인력을 기계로 대체한다. 정신활동을 하는 고급인력을 AI로 대체한다. 갖춰진 인재를 찾아 쓰면 되고, 가치가 다하면 가차없이 내친다. 내게 맞는지, 나를 품어줄 조직인지 1년이나 2년 정도 겪어보면 알 수 있다. MZ세대가 참지 않고 뛰쳐나가는 것을 비난할 수 없다. 그러나 당장 자신에게 맞는 미래를 찾을 수 없기에 불안하고 두렵다. 아르바이트, 계약직 근무를 하거나 놀며 활로를 고민한다.

  그들을 어떻게 봐야 할까? 참고 기다려야 한다. 빈둥거리는 시간이 아니라 저성장시대를 돌파할 에너지를 축적하는 과정이고 발악이다. 부모세대의 말을 곧이곧대로 듣다가는 실패한다. 부모세대의 성공 경험이 더이상 통하지 않고 도움도 되지 않는다. 시대가 다르고 상황이 다르다. 부모세대가 선호하는 삶을 살지 않겠다는 각성은 그 자체로 정확한 판단이다. 그러나 거기에 그쳐서는 안 된다. 앞으로 어떤 삶을 살지 고민하고 결정하고 실행해야 한다. 누군가 대신해줄 수 없다.

  고성장, 아날로그로 대변되는 과거와 단절하고 저성장, 디지털 시대에 맞는 창의를 찾아야 한다. 시대를 바꾸는 기술과 자신의 삶을 디지털로 연결할 수 있어야 한다. 같은 생각을 두려워하고, 다른 생각에 귀를 열어야 한다. 끊임없이 자신과 소통하고 세상과 교류하며 해결책을 찾아야 저성장, 디지털 시대를 돌파할 창의가 잇몸을 드러난다.

기성세대가 MZ세대를 새롭게 바라봐야 하는 만큼 비혼과 저출산 문제도 새로운 시각으로 접근해야 한다. 비혼과 저출산은 나쁜 것일까? 옛 세대가 만든 결혼, 출산과 육아의 틀을 깨기에 창의적이다. 미래를 꿈꾸며 결혼하지만 행복을 이루기는 쉽지 않다. 이혼율이 말해주듯 고통으로 끝나는 경우도 많다. 그래서일까? 가정을 만들고 지키는 데 쓸 정신적·물질적 비용을 아껴 삶의 다른 가치를 찾는다. 오로지 자신의 삶을 위해 아이디어를 펼쳐 혁신을 위한 창의도 증가한다.

2022년 혼인 건수는 19만1,690건(이혼건수는 9만3,232건)으로 1997년 대비 절반으로 줄었다. 15~49세의 여성이 평생 낳는 자녀수 평균(합계출산율)은 2022년 기준 0.78명에 불과하다. 인구 감소가 계속되면 어떻게 될까? 나라를 지킬 군인과 산업현장을 지킬 인력이 줄고, 지방 소멸과 고령화 등 사회적 위기를 동반한다. 원시시대에는 남자가 사냥하고 여자가 채집해 식량을 충당했다. 결혼, 출산과 육아는 개인만 아니라 공동체 생존에 직결된 노동력 재생산 체계였다. 결혼과 출산은 당연했고 육아는 공동체가 맡았다. 농경시대에는 노동력이 농업만 아니라 병역, 부역과 세금의 원천이다. 결혼, 출산과 육아는 가문의 의무와 책임이었다. 산업시대에는 달라졌다. 생활의 향상과 함께 인구가 가파르게 증가했다. 정부는 인구 증가가 식량 생산을 앞질러 빈곤을 부른다며 출산을 억제했다. 출산과 육아 책임은 개인에게 전가되었고, 인구 감소가 계속되면서 국가의 존립을 위협하고 있다.

  비혼과 저출산의 표면적인 원인은 도시화와 개인주의, 경기침체와 고용 감소, 교육비와 집값 상승이다. 하지만 구조적인 원인이 더 중요하다. 결혼, 출산과 육아를 개인에게 맡긴 시스템의 붕괴다. 남성은 밖에서 일하고 여성은 집안일을 하는 역할 분담도 의미를 잃었다. 사랑만으로 누군가의 뒷바라지를 하다가 일생을 망칠 수는 없다. 가정 외에 일, 취미 등 다양한 것에서 삶의 가치를 찾는다. 출산은 자유이지만 태어난 아이는 키워야 하는데 대충 키우고 싶지는 않다. 그런데 디지털로 실시간 자랑하는 치열한 육아경쟁에 뛰어들 자신이 없다. 경제도 좋아질 기미가 없다. AI 등 기술이 일자리를 빼앗는다면 자녀의 미래도 없다. 성인이 된 자녀를 보살필 자신도 없고, 노후에 자녀의 보살핌을 기대하기는 더 어렵다. 육아 부담을 피하려면 출산 자체를 하지 않는 것이 맞다. 공동체를 위해 희생하라지만 애국심만으로 답을 찾기는 어렵다. 그런 생각이 온라인에 쌓이고 쌓여 공감을 얻고 있다.

민간 역량이 증가하면서 정부와 대기업이 창의를 독점하는 시대는 저물었다. 고용 감소와 창업 증가로 스스로 창의를 발휘해야 하는 시대다. 비혼과 저출산은 가정 대신 다른 삶의 가치를 찾기 위해 창의에 몰입할 환경을 만든다. 그러나 장기적으로는 인구 규모가 줄어 혁신 재료인 창의의 총량을 줄게 한다. 이에 대한 해결책으로 정부는 비혼과 저출산을 '요구사항 있는 준법투쟁' 정도로 보고 경제적 지원책으로 접근한다. 한마디로 착각이다. 가정은 개인의 삶을 위한 안식처 역할을 잃어버렸다. 가정이 주는 부담에서 떠나 다른 삶의 가치를 찾는다. 돈 몇 푼에 돌아설 그들이 아니다. 그래서 정책에도 창의가 필요하다. 출산을 원하지만 이런저런 이유로 미루는 가정을 핵심 목표로 해야 한다. 가정의 구축과 유지에 따른 물질적 비용에 더해 정신적 부담을 낮춰야 한다.

우크라이나와 가자지구만 분쟁 지역이 아니다. 가족의 분쟁, 그 안의 갈등과 위기를 해소할 다양한 장치를 마련해야 한다. 기존 결혼제도 외에 사실혼, 동성혼 등 다양한 형태의 결혼과 지원체계도 만들어야 한다. 출산과 육아는 개인을 넘어 국가 책임으로 위상을 재정립하고 정책을 펴는 것이 좋겠다.

정부는 가정을 이득은 없고 고통만 있는 곳, 빈곤은 줄었으나 갈등만 있는 곳으로 방치했다. 코페르니쿠스적 진단과 처방 없이 결혼, 출산과 육아에 전념할 것을 요구할 수는 없다.

남의 것을 넘보는가

한 주에 1편 내지 3편의 칼럼을 쓴다. 핵심만 잡으면 어렵지 않다. 그래도 그렇지 어떻게 가능할까? 나만의 요령이 있다.

　여러 칼럼을 순서대로 쓰지 않고 동시에 쓴다. 칼럼 A를 쓰다가 마무리하지 않고 칼럼 B, 칼럼 C로 넘어갔다가 돌아오길 반복한다. 아이디어 융복합에 따른 시너지를 노린다. 치매도 예방한다. 무미건조함을 피하고 생동감을 내기 좋다. 양자역학이 인기다. 양자는 입자이며 파동이다. 하나의 양자가 중첩해 여기저기 존재한다. 양자를 얽은 다음에는 멀리 떨어뜨려 놓아도 동시에 반응한다. 1개 칼럼의 아이디어는 양자처럼 중첩되어 다른 칼럼에서도 존재한다. 아이디어가 양자처럼 얽히고 다중우주처럼 다양한 기능과 역할을 소화한다. 미국 드라마도 영감을 준다. 재미있는 에

피소드, 인기 출연자를 떼어내 별도의 '스핀 오프' 드라마를 만든다. 〈베터 콜 사울〉은 〈브레이킹 배드〉의 스핀 오프 드라마다. 칼럼 중 반응이 좋은 부분을 떼어 뼈와 살을 붙이고 디테일을 더하면 별도의 칼럼이 된다. '원 소스 멀티 유즈'도 가능하다. 칼럼을 모으면 훌륭한 강연 자료가 되고 책으로도 쉽게 엮을 수 있다.

많은 칼럼니스트가 최고의 지식인임을 뽐내며 현안을 알리고 교훈을 주려 글을 쓴다. 어떤 칼럼은 미국을 따라 제때에 금리를 올리지 못해 물가를 잡지 못했다고 한다. 금리를 올렸으면 어땠을까? 가계부채 폭발 등 부작용은 없었을까? 모든 병폐의 근원이 규제라며 무조건 규제 타파를 외치는 칼럼도 있다. 규제를 없애면서 생기는 폐해에 대해서는 입을 닫는다. 격렬하게 말하는 것은 좋지만 또 다른 문제를 외면한다.

그래서 나는 칼럼에 사실관계를 상세히 쓰지 않는다. 그것은 기자가 할 일이다. 누군가를 가르치려 해서도 안 된다. 그것은 교수가 할 일이다. 흥미를 잃고, 읽기가 곤욕이 된다. 논리를 갖춰 상대방을 100퍼센트 압도하면 그 설득은 실패한다. 논리로는 납득되지만 설득되는 것 자체가 기분 나쁘다. 대략 70퍼센트만 설득하면 된다. 나머지는 상대방이 스스로 고민하고 생각해낸 듯 넘어와야 한다. 기발한 생각, 독특한 아이디어를 전달하는 것이 좋다. 재미가 우선이고 교훈은 그 다음이다.

칼럼 도입부에 신경을 쓴다. 좋은 칼럼도 도입부가 허술하면 읽고 싶지 않다. 도입부를 재미있게 읽은 독자는 아까워서라도 끝까지 읽는다. 옛 대중가요를 들어보라. 전주가 길다. 처음 들으면 경음악인 줄 안다. 과거 지상파방송처럼 대안 없이 일방적으로 송출하면 어쩔 수 없이 들어야 한다. 지금은 인터넷 시대다. 재미없으면 곧장 다른 채널로 넘어간다. 칼럼 도입부도 영화의 앞 5분처럼 강렬하거나 관심을 갖게 해야 한다. 역사, 문학, 미술 등에서 흔하지 않은 이야기를 끌어 쓴다. 주제와 어떻게 연결될지 궁금하게 한다. 도입부 소재는 칼럼 주제와 전혀 관련 없어 보일수록 좋다. 주제와 기발하게 연결되면 흥미는 배가된다.

좋은 칼럼을 위해 메모하는 습관이 좋다. 유유상종을 피해 다른 직업, 세대와 만난다. 모르는 이야기에 귀 기울인다. 적게 말하고 많이 듣는다. 받아먹기만 하니 이기적이기는 하다. 말은 많은데 알맹이가 없으면 듣기 불편하다. 건강 위기 극복 영웅담을 웅변하고 자식, 손주, 돈 자랑하면 답이 없다. 어떤 분은 꾹 참다가 헤어지는 찰나에 그 보따리를 풀고 간다.

간결한 문장이 좋다. 접속사 없이 글이 된다. SNS 틱톡, 숏츠, 릴스처럼 읽힌다. 아름다운 문장은 그림보다 멋있다. 말하듯 쓴다. 맥락 건너뛰기도 괜찮다. 건너뛴 공간은 생각할 자리를 내어준다. 끝맺음 문장은 매우 중요하다. 꿈에서 생각날 정도의 임팩트를 넣는다.

칼럼은 독자를 위한 것 이전에 거친 세월을 견뎌온 나를 위한 것이다. 마음과 몸으로 받아낸 삶의 통증을 조금이라도 낭비하지 않으려는 소리 없는 비명이다. 그렇다고 남의 글을 내 것인 양 넘보지 않고, 특히 남의 것에 중독되지 않도록 나를 다스린다.

기계수선공이 있다. 격무에 시달렸다. 근무시간을 낮추거나 인력을 충원해달라고 요구했다. 상사는 그의 요구를 거절했다. 그 대신 부장이라는 직함과 개인사무실을 주었다. 그는 존중받고 있다는 생각에 다시 열심히 일했다. 그럴듯하게 들리는가? 데일 카네기의 베스트셀러 《인간관계론》에 나오는 일화다.

누군가에게 보낼 공문을 작성해본 적 있는가? 첫 문장은 대개 '귀사(또는 귀하)의 무궁한 발전을 기원합니다'라고 공손하게 시작한다. 그런데 다음 문장에서는 돌변해 요구사항을 늘어놓는다. 따르지 않으면 형사고소와 배상청구를 하겠다며 윽박지른다. 첫 문장을 그토록 가식적으로 써야 할 이유가 있을까. 그 문장 때문에 상대방이 감격해서 요구에 따를 것 같지는 않은데 말이다. 그 첫 문장의 유래도 카네기의 조언에서 나왔다.

꿀을 구하려면 벌통을 걷어차지 마라. 상대방의 욕구를 자극하라. 사람들이 당신을 좋아하게 만들어라. 좋은 인상을 주고 이름을 기억하고 관심을 끌어라. 논쟁을 피하고 적을 만들지 말라. 상대방의 장점과 나의 단점을 먼저 인정하고 대화를 시작하라. 자신의 잘못을 먼저 말하라. 명령하거나 가르치듯 하지 말라. 상대방의 체면을 존중하라. 나그네의 두꺼운 외투를 벗기는 임무를 맡았을 때 옷을 벗으라는 거친 말과 행동은 효과가 없다. 대신 날씨가 덥다고 느끼게 해야 한다. 외투를 입는 것이 어색한 연회장, 거실 느낌이 나는 환경을 조성한다. 누군가를 변화시키고 싶다면 틀렸다고 말하지 말고 스스로 변화할 기회를 제공하라. 상대방이 신나서 말을 하게 만들고 자주 공감을 표해야 한다. 중요한 아이디어는 상대방이 먼저 생각해냈다고 느끼게 하라. 논리를 갖춰 상대방을 100퍼센트 압도하면 그 설득은 실패한다. 논리로는 납득되지만 그 자체가 기분 나쁘다. 70퍼센트만 설득하면 된다. 나머지는 상대방이 스스로 고민하고 생각해낸 듯 넘어와야 한다.

 그는 많은 가르침을 주었고, 생존경쟁의 도구로서 자기계발을 강조해 많은 공감을 받았다. 실천하는 데 책값을 제외하곤 비용이 들지 않는다. 보편적인 충고이기에 부담도 없다.

 학교와 직장에서 충고를 들으면 왠지 거북하다. 충고가 옳은 말이어도 마찬가지다. 부정적인 평가나 선입견을 깔고 있는 것처럼 느낀다. 급여 등 보상과 직결되면 최악이다. 학교(선생님)와 회사(상사)가 나를 위한다는 신뢰가 없기 때문에 충고가 불편하다. 신뢰 없는 사회에서는 실질보다 형식이 중요하다. '스펙'쌓기에 몰린다. 동료 평가를 받기 위해 윗사람에게는 아부하고 아랫사람에게는 친절하다. '시달리고 피곤한 자아'의 시대다. 개인을 조직에 종속시키고 경쟁자를 교묘하게 추월하는 법을 가르친다. 옳고 그름을 가르고 바른 방향으로 나아가는 것이 중요한데, 그것을 소홀하게 만들고 시류에 영합하게 한다. '아니오'를 하라고 하지만 실제는 '예'를 하는 법을 가르친다. 황당함, 뜬금없음, 특이함을 배척한다. 성공한 사람의 창의를 본받으라면서 결국은 모방을 부추긴다. 남들과 다르게 생각하고 행동하라는 충고조차 결과는 같은 생각과 행동에 이르게 한다. 형식적인 조언은 심리적 위안을 주지만 결국은 시간과 인생을 허비하고 만다.

  치열한 사회일수록 나만의 굳건한 자아와 생각을 만들고 지켜야 한다. 나만의 독특한 아이디어와 가치를 찾아 세상에 드러내야 한다. 물론 자기계발에는 전제조건이 있다. 조직과 사람에 대한 신뢰, 배려와 자신에 대한 믿음이다. 그것이 없으면 이기주의와 처세술에 그치고, 개인을 넘어 조직과 세상을 멍들고 병들게 한다. 내가 기계수선공이라면 어떻게 할까? 부장 직함과 개인 사무실에 넘어가지 않는다. 진심이 보이지 않아서다. 자기계발은 신뢰, 배려, 믿음을 핵심 자산으로 해야 혁신의 지름길이 된다.

  그 진심이 묻어나는 자기계발서라면 언제라도 환영이다. 그리고 내 칼럼이 누군가에게 도움이 될지 모른다는 생각에 거친 세월을 견뎌온 나를 다그친다. 소리 없는 비명이라도 무너지지 않도록. 카네기의 조언이 짐이 되지 않도록.

스스로 챙겨야
행복한 날

'적은 혼노사에 있다!'

일본 전국시대 무장 아케치 미츠히데는 도요토미 히데요시를 도우라는 지시에 불만을 품고 주군 오다 노부나가를 제거하는 쿠데타를 일으켰다. 혼노사에 있던 오다 노부나가는 싸우다가 자결했고, 아들 노부타다도 아버지 뒤를 따라 죽었다.

노부타다가 젊었을 때, 전쟁에서 패한 그는 아버지의 가혹한 처벌을 기다렸다. 그런 아들에게 아버지가 물었다.

"활을 쏘았는데 명중하지 않았다면 어떻게 하겠느냐?"

아들은 아무 말도 하지 못하고 두려움에 떨었다. 그런 아들에게 아버지는 말했다.

"그때는 두 번째 화살을 날려라. 두 번째 화살도 맞지 않으면 어쩌겠느냐? 그때는 세 번째 화살을 날리면 된다."

끊임없이 단련하고 도전하라는 훈계로 처벌을 대신했다.

자식에게는 모든 것을 줘도 아깝지 않다. 자식 사랑을 법으로 막을 수 있을까? 기업은 어떤가? 자녀가 대표로 있는 기업에 일감을 몰아주면 부당 지원으로 공정거래법 위반이 된다. 자기가 다니는 회사에 자녀를 특혜 채용하면 회사에 대한 업무방해가 된다. 고위직 공무원의 자녀 채용 의혹도 그렇다. 자식 사랑도 지나치면 범죄가 될 수 있다.

'네포 베이비'라는 말이 있다. 부모 찬스로 실력 없이 쉽게 성공하는 금수저 자녀를 말한다. Nepotism(족벌주의)와 Baby(아기)의 합성어다. 중세 로마 교황들이 사생아를 조카라고 부르며 요직에 앉혀 특혜를 준 데에서 유래했다. 할리우드 스타의 자녀가 부모 덕에 명성을 얻는 것을 비판하는 데 쓰였다. 정치, 경제, 법조계 등 분야를 가리지 않고 발생하는 현상이다.

과거에 부자들은 자녀에게 기업 등 자산과 부를 상속하는 것이 쉬웠지만, 이후 상속세가 높아지고 공정성이 문제되면서 그 길이 막혔다. 그들은 어떤 전략을 취했을까? 합법적인 길을 택했다. 부자들은 자녀에게 재산을 물려주기보다 실력과 경력, 경험과 인적 기반을 키워주는 방식으로 전환했다.

간혹 명문대 또는 고시 수석 합격자의 인터뷰가 언론에 나온다.

교과서만 보고 학교 수업에만 충실했다고 한다. 과연 그럴까? 예전에는 믿었지만 지금은 아니다. 똑같이 그렇게 공부한 많은 학생이 낙오했다. 자기도 모르는 사이에 부모나 그들이 속한 계층의 도움('부모 찬스 품앗이')이 있었던 것은 아닐까? 너무나 당연했기에 도움이라고 생각하지 못한 것은 아닐까? 많은 학생이 여전히 가정불화와 경제위기 속에서 악착같이 공부하다가 포기하거나 실패한다. 그들 모두가 머리가 나빠 그럴까? 재산 상속보다 실력 상속이 더 무섭다. 부익부빈익빈 구조를 고착화한다.

명필 한석봉의 어머니는 아들을 절에 공부하러 보냈다. 지쳐 돌아온 아들에게 따뜻한 말 한마디 건네지 않았다. 불을 끄고 떡을 썰며 아들에게 글을 쓰게 하더니 급기야 혼을 내고 돌려보냈다. 자식에게 줄 것 없는 사람이 모진 부모로 남아서는 안 된다. 저출산이 미래를 발목 잡는 시대에 교육은 더는 부모 몫이 아니다. 국가가 교육생태계를 책임져야 한다.

자식 사랑은 어떻게 해야 할까? 자식에게 이래라저래라 강요하지 말자. 고도성장기를 살아온 부모세대의 성공 경험은 지금에는 통하지 않는다. 그것이 오히려 자식을 치열한 경쟁의 전쟁터로 몰아갈 뿐이다. 자식이 원하지 않는 길에 들어서고 마음에 없는 일을 하며 생기는 폐해는 자신뿐만 아니라 공동체까지 좀먹는다. 자식의 재능이 두꺼운 껍질을 스스로 깨고 나올 때까지 기다리자. 부모 자식은 서로 이야기를 들어주고 위로하고 배려하는 관계로 충분하다. 붙잡는 것이 아니라 놓아주고 믿고 지켜볼 때 진정한 사랑이다. 그리고 그것은 부모 스스로 온전히 설 때 가능하다. 노년이라면 더욱 그렇다.

  대학 시절, 하숙집 형을 따라 영화를 보러 갔다. 어둑한 극장 복도 끝에서 곧장 걸어오는 젊은이가 있다. 부딪히기 직전에 피했지만, 그도 내가 피한 쪽으로 몸을 틀었다. 그도 나처럼 짜증난 표정으로 노려보았다. 주먹이라도 날릴까 두려웠다. 커다란 거울 속의 나였다. 그 뒤로 나 자신을 그토록 진지하게 맞닥뜨린 기억이 없다. 삶을 돌아보면 누구나 그랬듯 때로는 용감했고 때로는 비겁했다. 젊을 때는 공동체를 돌리는 쳇바퀴에 들어가려 애썼고 떨어지지 않으려 몸부림쳤다. 나 없으면 쳇바퀴가 멈출까 걱정했고, 나 없이 돌아가는 쳇바퀴에 실망했다. 그때는 성공과 실패라고 생각했던 것이 지나고 나서 보면 아무것도 아니다.

  노르웨이 작가 욘 포세의 장편 《아침 그리고 저녁》을 보자. 아이가 태어난다. 아버지는 같이 어부 일을 할 아이가 생겨 기뻤다. 할아버지와 같은 이름 '요하네스'라고 불렀다. 소설은 곧장 노인이 된 그의 마지막으로 넘어간다. 잠에서 깼는데 아픈 곳이 없고 몸이 가뿐하다. 친구를 만나 뱃일을 나가지만 미끼가 물에 잠기지 않는다. 그물에 걸린 꽃게를 팔려 하지만 오랜 단골은 필요 없다고 거절한다. 길에서 만난 사랑하는 딸은 그를 모른 척 지나쳐 그의 집으로 뛰어간다. 그는 아쉬워하며 친구를 따라 먼 길을 떠난다. 그렇다. 그는 잠에서 깨지 못하고 죽었다. 소설은 출생과 죽음의 순간만을 담담하게 그릴 뿐 그 사이 삶의 묘사를 생략했다. 속세의 성공담과 거리가 멀다. 그러나 누구나 부러워할 삶의 평범함이다. 아름답다. 아침처럼 왔다가 저녁처럼 가는 것이 인생이다.

  고령화를 형벌처럼 선고받은 시대다. 준비되지 않았다면 은퇴가 두렵다. 부모는 늙고, 자녀는 어리다. 선진국 문턱에서 경제침체를 맞아 MZ 등 세대 갈등도 깊다. 좋은 시대에 태어나 온갖 혜택을 누리고도 일자리를 넘겨주지 않는다고 불만이다.

  자본주의 세상에서 살아남으려면 경제력은 물론 관계도 중요하다. 가족과 직장, 친구가 그것이다. 가족을 위한다며 직장, 친구를 더 챙겼다. 하지만 나 자신과의 관계는 어떤가? 화장실 거울로만 맞닥뜨리던 나 자신과 이야기해본 적 있는가? 노년의 건강하고 자존감 높은 삶을 위해 자기 자신을 돌아봐야 한다.

  노년의 외로움은 친구 등 관계의 부족이 아니라 자신과의 어색함에서 비롯한다. 허름한 노포에서 혼자 막걸리 한 잔 기울이지 못한다. 가족의 생계와 세속적인 성공을 위해 '네트워킹'이라는 명목으로 끊임없이 관계를 만들며 나 자신에 소홀했다. 오히려 모질게 채찍질하지 않았는가. 바쁘지 않을 때도 자신과 마주하기 두려워 엉뚱한 소일거리를 찾았다. 뒤늦게 그런 자신을 마주하기가 어색하다.

　물론 경제력 등 문제가 남아 있다. 그러나 늦출 수는 없다. 당당하게 자신과 눈을 마주하자. 안치환의 노래 〈인생은 나에게 술 한 잔 사주지 않았다〉처럼 인생을 탓하지 말고 내가 먼저 내 자신에게 따뜻한 술잔, 위로의 말 한마디를 건네자. 지나온 삶을 반추하고 앞으로의 삶을 그리자. 세상에서 받은 혜택에 가치를 더해 아낌없이 다음 세대에 돌려주자.

　신문 부고를 보면 대부분 이 병 때문에 죽는다. 세월에 묻어 온 마음의 병 노환(또는 숙환)이다. 병마가 덮치기 전에 용기를 내자. 헤밍웨이의 소설 〈노인과 바다〉를 기억하는가? 노인 산티아고는 홀로 바다에 나가 사투 끝에 거대한 청새치를 잡는다. 상어의 습격으로 머리와 뼈만 남은 청새치를 끌고 항구에 도착한다. 그가 한 일은 청새치를 잡고 상어와 싸운 것이 아니다. 자신과의 지독한 싸움이고 대화이며 화해다.

　쳇바퀴에 갇혀도 주 52시간 근무에 그친다. 박인환의 시 〈목마와 숙녀〉의 구절처럼 고립을 피해 군중 속에 시들지 말자. 자신과의 대화에서 나온 건강한 자존감은 노년을 위한 창의의 시작이다.

이 자리를
비워놓겠습니다

잠들면 의식 없이 숨을 쉰다. 기도 주변 공간이 좁아지면 목젖 근처에서 공기와 마찰을 일으켜 소리를 낸다. 같이 자는 사람을 괴롭히는 코골이다. 원시 인간은 짐승의 위협에 시달렸지만 코골이를 하는 사람은 잠잘 때도 큰 소리를 내서 공격받지 않았다. 코골이 유전자가 살아남은 이유다. 현대인에게 짐승은 더는 위협이 아니다. 빌딩숲에서 일어나는 치열한 생존경쟁이 짐승보다 무섭다. 잠들기까지 휴대폰을 놓지 못하고 잠에서 깨어나면 휴대폰부터 찾는다. 깜빡하면 정보를 놓치고 경쟁에서 탈락한다. 정신을 놓지 말아야 한다.

정신 차리기에 가장 좋은 음료는 단연 커피다. 에티오피아 목동이 열매를 먹은 염소가 잠에 들지 않는 이유를 찾다가 발견했다.

성직자는 신앙보다 커피에 의존해 밤샘 기도를 했다. 이슬람에서 인기를 끌었고, 베니스를 통해 유럽으로 갔다. 정신을 맑게 해 비판적·창작적 사고에 도움이 되었다. 카페에서 불순한 토론을 한다는 이유로, 몸에 해롭다는 핑계를 달아 금지하기도 했다. 소설가 발자크는 하루 60잔을 마실 만큼 커피를 사랑했다. 커피 인기는 재배지인 적도 인근 지역을 식민지로 착취하는 원인도 되었다. 우리나라에는 1890년대 개화기에 들어왔다. 을미사변으로 러시아공사관에 피신한 고종이 커피를 즐겼고, 울분에 찬 지식인 계급으로 수요가 확대되었다.

커피산업은 수요를 넓히기 위해 각성 효과를 극대화했다. 원두를 까맣게 볶아 진한 맛을 내는 커피를 만들었다. '얼죽아'(얼어 죽어도 아이스아메리카노)를 외치며 추운 날도 차디찬 커피를 찾는다. 카페인에 얼음을 더해 정신이 번쩍 든다. 매장 좌석을 없애고 각성을 픽업하는 저가 커피 시장이 성장세다. 바쁠 때는 원두를 볶고 갈아 내릴 여유가 없자 프림, 설탕까지 조절하며 빨리 마실 수 있는 인스턴트커피가 인기다. 맛도 극대화했다.

커피 원산지, 블렌딩, 로스팅 방식을 다양화해 풍부한 맛을 낸다. 볶은 원두를 갈고 향을 맡아보라. 천국의 냄새가 따로 없다. 고객의 취향을 존중한다며 크림, 시럽, 소금, 설탕을 덮는다. 커피 맛을 눌러 권하고 싶지는 않지만 원가 대비 수익이 높다. 밥값에 버금가는 고급 커피도 늘었다. 카페인을 두려워하는 고객도 당겼다. 디카페인은 카페인 없이 커피 맛을 낸다. 시스템도 개선했다. 줄 서지 않고 휴대폰으로 주문한다. 자동차에 앉아 주문하고 픽업한다.

  환경도 생각한다. 유럽연합은 산림보호법(2024년 12월 31일 시행)을 만들었다. 이 법은 온실가스 배출 및 생물다양성 위기를 막는다. 산림을 파괴해 재배한 커피를 유럽에서 팔면 매출 기준 최소 4퍼센트 벌금을 부과한다. 이 법에 따라 친환경적 기술개발로 커피 생산량과 품질을 높여야 한다.

  차는 어떤가? 차나무 잎을 달여 만든다. 중국과 미얀마 국경이 원산지다. 면역력, 의지력을 높이고 정신적 즐거움을 준다. 명상을 하는 스님들이 자주 마셨다. 당나라 육우는 차를 마시는 예법을 연구해 책으로 엮었다. 일본 전국시대 오다 노부나가는 차를 권력 유지에 활용했다. 신하에게 나눠 줄 땅이 부족하자 차 모임을 금지했다. 공을 세운 신하에게 땅 대신 차 모임을 개최할 권리를 주었다. 좁은 방에서 몸이 닿을 듯 앉아 차를 마시는데, 눈빛만 보고도 배신자를 색출할 수 있었다. 영국은 중국 차 수입으로 무역불균형이 일어나자 중국에 아편을 수출해 분쟁을 일으켰다. 고가의 중국차 대신 인도에서 차나무를 재배해 홍차를 가져와 마셨다. 재배지가 적도에 가까울수록 쓴맛이 강해 발효해 중화한 것이

홍차다. 상류층에서 즐겼고, 티타임이 유행했다. 맛을 위해 블렌딩하고 영양을 위해 우유를 섞었다.

목표와 성과에 집중할 때 차 한 잔이 소중하다. 정신적 건강을 위해 차 한 잔의 명상도 놓칠 수 없다. 각성과 명상이 조화를 이루면 음료도 문화와 창의가 된다.

그 곁에 교감을 나눌 상대가 있다면 더없이 좋다. 그래서 반려동물은 특별하다.

우리가 흔하게 마주하는 반려동물 중 개는 매력으로 인간을 정복한 창의적 동물이다. 등록된 반려견은 전국에 약 350만 마리에 이르고 서울에만 약 60만 마리다. 반려견을 태우는 '개모차'가 유모차만큼 팔린다. 반려견 산업은 2027년까지 15조 원 규모를 예상한다. 개를 위한 고급 사료, 의류, 장난감 시장이 크다. 개 미용실, 병원, 호텔이 생겼다. 반려견을 동반하는 식당, 커피숍도 늘었다. 급기야 견주와 개만 태우는 전용 비행 상품이 출시되었다. 기술과 결합한 '펫테크'도 인기다. 자기 개만 인식해 출입시키는 펫도어, 자동 식수 공급 장치, 개 운동량 측정기가 그것이다.

개의 발전사를 보자. 사냥꾼과 목동을 도와 짐승을 쫓고 가축을 키웠다. 고기는 단백질 공급원이었다. 도둑을 막고 쫓았다. 지금은 어떤가? 사람을 따라 아파트에 정착했다. 경비와 보안이 탄탄해 개가 집을 지킬 필요가 없다. 큰 소리로 짖다간 민원만 들어온다. 역할을 잃었는데 왜 성공했을까? 사람과 교감하며 정서적 안정감을 준다. 사회생활은 힘들고 결혼을 미루는 시대다. 개는 공허함, 외로움과 스트레스를 받는 삶을 위한 신경안정제가 된다. 코로나 팬데믹을 계기로 더욱 인기다. 학업과 취업을 독려하는 부모 등 가족이 위로가 되지 못하면서 그 자리를 대신한다. 개와 함께하는 SNS 일상은 수백, 수천만 조회를 기록한다. 개 식용을 금지하는 법이 통과되었다. 개 등 동물을 '물건'에서 제외하는 민법 개정안도 나왔다. 채무자의 반려견을 강제집행에 부쳐 주인과 헤어지게 할 수 없다. 부작용도 있다. 힘들다고 개를 버려 유기견이 늘었다. 개를 번식시켜 시장에 공급하는 농장도 있다. 주인이 나오지 않으면 안락사를 시키거나 열악한 환경에 방치한다.

고양이는 어떤가? 곡식을 축내는 쥐를 잡기 위해 가축으로 만들었다. 청결해진 지금에는 쥐 잡는 일을 하지 않는다. 털이 날리면 기관지에 좋지 않다. 개처럼 재롱을 부리지도 않는다. 그런데도 인기 있는 비결은 무엇일까? 고령화시대에 맞다. 개는 하루에도 몇 번 산책을 나가야 하지만 고양이는 산책을 싫어해 그럴 필요가 없다. 혼자 있기를 좋아해 개처럼 알뜰살뜰 챙기지 않아도 된다. 마음 놓고 직장을 다녀도 되니 1인가구에도 맞다. 키우는 비용도 덜 든다. 조만간 반려동물계에서 개를 능가할 예정이다.

그에 비해 소는 불쌍하다. 기계화로 농경에서는 벗어났지만 우유, 치즈, 버터를 만들고 고기로 팔려 나간다. 돼지는 어떤가? 삼겹살 등 서민층에 인기다. 소와 돼지는 몸집이 커 반려우, 반려돈이 될 수 없다. 닭은 가장 불쌍하다. 탁 트인 자연에서 키우기도 하지만 대부분 좁은 철창에 갇혀 속성으로 길러진다. 반려계가 될 수도 없다. 달걀을 내놓아야 한다. 삼계탕, 구이에 이어 '치맥'이라는 이름으로 튀겨진 채 맥주와 묶여 팔리는 슬픈 운명이다. 인간이 죽어 염라대왕 앞에 간다면 닭을 괴롭힌 죄가 가장 크다.

반려동물 시장의 성공은 인간의 '연결' 욕구에서 나온다. 우리는 가정, 직장에서 진정으로 연결되길 원한다. 그런데 연결은 쉽지 않고 끊기거나 어긋나고 다시 연결되어도 상처가 스며든다. 사람이 두렵고 어렵고 싫어 전화나 대면보다 이메일, 메시지 등 비대면 소통을 선호한다. 사람에 대한 연결의 어려움을 상대적으로 편한 개, 고양이에 대한 '연결'로 해소한다.

사람이 싫다고 개나 고양이만 찾을 수는 없다. 창의는 연결과 교감에서 나온다. 사람에게 기회를 주자. 당신이 두려워하는 그 사람도 당신을 두려워하며 간절히 연결되길 원한다. 창의를 위한 교감은 사람과 사람의 연결에서 첫 단추를 찾아야 한다. 따뜻한 커피나 차를 함께할 사람이라면.

새로움으로 통하게 하라

비빔밥은 혼자 맛을 내지 않는다

비빔밥도 음식인가? 재료를 신선하게 보관할 냉장고가 없었다. 먹다 남은 재료에 식은 밥을 넣어 고추장 등 양념으로 짓누른다. 각각의 재료가 가진 고유의 맛은 엉키고 양념 맛에 급하게 먹는다. 만들고 먹는 데 시간을 줄이려고 뒤죽박죽 성의 없이 만든 한 끼 식사가 아닌가.

요즘 비빔밥을 보자. 채소, 고기 등 비빔밥을 이루는 재료들은 흠잡을 것이 없다. 신선하다. 음양오행을 가리키는 5색 빛깔을 골고루 갖춰 모양도 좋다. 빛깔이 다른 재료마다 단백질, 탄수화물, 지방, 비타민, 무기질 등 영양소가 가득해 건강에도 으뜸이다. 밥은 좋은 쌀로 짓고, 밥알의 강도가 적당해 뭉개지거나 딱딱하지 않다. 비빔밥 그릇을 데워 온도를 유지하는 것도 마음에 든다.

적당한 재료들이 강도와 밀도를 달리해 정성껏 뒤섞이는 것이 '비빔'이다. '비빔'은 재료들과 양념의 융복합을 통해 맛을 극대화한다. 공동체 조직도 '비빔'이 중요하다. 좋은 조직은 인재를 낭비하지 않고 골고루 융복합해 최상의 성과를 낸다. 각각의 인재를 떼어내어 일을 맡겨도 잘한다. 힘을 합치면 더 큰 시너지를 내고, 따로 떼면 각자의 개성을 올곧이 드러낸다. 자질이 부족한 사람도 이런 조직에서는 빠르게 성장한다. 그것이 좋은 조직이다.

비빔밥의 '비빔'에는 고추장, 간장, 된장, 참기름 등 양념을 활용한다. 양념은 어떤 재료를 써서 어떻게 발효하는지에 따라 비빔밥의 맛을 좌우한다. 공동체 조직으로 치면 사람과 사람을 연결하는 언어, 문자와 플랫폼 같은 역할이다. 양념은 재료들이 각자의 개성을 지키면서도 하나로 똘똘 뭉치게 한다. 비빔밥을 한 숟갈 입에 넣어 씹다 보면 각 재료의 고유한 맛을 잃지 않으면서 이들의 힘을 합해 새로운 맛을 끄집어낸다. 신선한 재료는 언제든 구할 수 있지만 양념은 역사와 전통 없이 불가능하다. 공동체 조직의 '양념'도 마찬가지다. 좋은 인재들을 융복합해 시너지를 내는 인간 촉매와 제도가 없으면 미래가 없다. 그런 능력을 갖춘 사람이 팀장, 대표 등 리더가 되어야 한다. 리더는 부족한 사람도 일으켜 기회를 주고 성장시킨다. 멋진 리더를 키우는 것은 모방이 아니라 조직의 역사와 전통에서 진화된 DNA다.

식당은 비빔밥을 비빌 최적의 상황을 만들고, 마지막 순간에 '비빔'의 역할을 고객에게 과감하게 양보한다. 비빔밥처럼 고객을 생각하는 음식이 있었던가. 개인화를 통해 고객 체험을 극대화한다. 비빔밥은 어떻게 비비는지에 따라 맛이 결정된다. 재료와 밥이 뭉개지는 것이 싫으면 젓가락을 사용해 비빈다. 어떻게 먹을까? 비비기 전에 각 재료를 조금씩 맛본다. 고추장 등 양념도 마찬가지다. 그다음에는 재료와 밥을 엉성하게 비벼 먹어본다. 그 뒤에는 혼신을 다해 모두 비벼 그릇을 빡빡 긁어 먹는다. '먹음'은 '즐김'이 된다.

철학자 질 들뢰즈의 말을 들어보자. 인류의 발전은 '리좀'이라는 땅속줄기 식물을 닮았다. 포식자의 눈에 띄지 않는 땅속에서 끊임없이 퍼져 나간다. 돌을 만나면 뚫고 힘들면 돌아간다. 합치고 나뉜다. 끊임없는 '반복'에서 새로운 '차이'를 찾는다. 차이는 언뜻 보기에 오류나 불량일 수 있다. 그것을 놓치지 않고 삶의 촉매로 만든다면 새로운 세상이 열린다. 비빔밥은 재료, 양념과 비빔에 따라 맛이 다르다. 비빔밥은 하나의 음식이 아니다. 재료, 양념과 '비빔'의 반복에서 차이를 찾아 수백, 수천 개의 다른 음식으로 진화한다.

디지털 시대에는 모든 것을 독점하는 독불장군이 있을 수 없다. 반도체만 해도 설계, 디자인, 제조 공정 등 세분되어 있고 기업별, 분야별, 공정별 융복합을 잘해야 차이를 찾아 생존한다. 그리고 그 차이를 인정하고 존중하며, 나아가 서로를 신뢰하는 것이 비빔밥이 우리에게 주는 의미다.

　이와는 반대되는 일을 소개한다. 19세기 후반 인도에서는 코브라에 물려 피해가 늘자 코브라를 잡아 오면 현상금을 주는 정책을 폈다. 코브라 수가 줄어들다가 갑자기 늘었다. 사람들이 더 많은 현상금을 노리고 코브라농장을 운영했다. 현상금 지급을 중단하자 코브라가 풀려나 피해가 급증했다. 당시 인도는 영국이 지배했고 국민 신뢰가 없었다. 20세기 중반 중국은 참새가 곡식을 갉아 먹는다며 박멸을 명령했다. 인민의 적극 참여로 많은 참새가 제거되었지만 참새의 먹이였던 해충이 늘어나 흉년이 계속되었다. 맹목적 신뢰가 가져온 폐해다. 2008년 미국 금융위기는 주택담보대출 연체가 급증해도 주택 가격이 계속 오를 것이라는 잘못된 신뢰를 준 데에서 비롯했다.

　신뢰는 누구나 규칙에 맞게 생각하고 행동한다는 기대와 약속이다. 교통신호가 빨간색이면 멈추고 파란색이면 건넌다. 지키지 않으면 사고로 이어진다. 신뢰는 생명, 신체, 재산의 안전과 기업 혁신을 위한 필수 자산이다. 원시시대에는 다른 공동체와 전쟁을 하고 공동체 안에서도 싸웠다. 문명 시대에는 조약, 법령과 계약이 전쟁과 싸움을 대체했다. 전쟁은 외교로 바뀌고 싸움은 정치로 순화되었다. 폭행, 사기, 채무불이행 등 법적 신뢰를 깨뜨리면 범죄와 계약 위반이 되었다. 경제에서는 신뢰 축적을 위한 시스템이 구축되고 고도화되었다. 실물, 금융시장의 법령, 규정, 약관과 자율규제 등 거래질서를 갖추었다. 온라인에서는 SNS, 쇼핑몰, 음식점, 뉴스 기사에 붙는 이모티콘, 평점, 댓글과 후기가 신뢰를 더했다.

신뢰 시스템을 구축하면 배려, 소통, 협력을 기반으로 거래가 원활하고 위기 극복, 분쟁 해결이 원칙과 기준에 따라 이뤄진다. 기업도 불신을 제거하고 신뢰를 높인 사업 모델을 만들어야 성공한다. 거짓 신뢰의 말로는 비참하다. 제휴 업체, 소비자를 교묘하게 종속시키고 착취하는 다단계 또는 플랫폼 사업이 그것이다. 티몬, 위메프 사태처럼 신뢰 시스템은 신뢰 축적을 멈추는 순간 무너진다. 대다수 플랫폼은 그렇지 않다. 생태계 참여자의 신뢰를 높여 성장한다.

신뢰는 공동체가 목표로 하는 핵심 목적과 가치다. 국가 사회만 아니라 산업, 시장 생태계에 봉사한다. 그것을 체계화한 것이 신뢰 시스템이다. 핵심 목적과 가치의 공유, 공정하고 투명한 절차와 의사결정, 건전한 실패와 실수에 대한 배려, 탈락이 아닌 성장을 위한 지원과 교육에 투자한다. 신뢰 축적과 고도화의 기반은 점점 더 강화된다.

좋은 신뢰가 비운 자리에 나쁜 신뢰가 들어선다. 기업도 인사,

재무 등 지원 부문에 보상이 집중되면 수익원인 영업 부문의 신뢰를 잃기 쉽고 쇠퇴한다. 친인척, 동문이나 범죄 이익으로 연결된 인맥이 공동체의 목적과 가치를 훼손한다. 신뢰가 무너지면 대체 수단을 마련하는 데 몰두하지만 효과가 없다. 미국 캘리포니아에서는 950달러 미만의 절도는 경범죄로 본다. 교도소 내 수용 공간이 없어서다. 대형마트, 보석상, 휴대전화 판매점 등 곳곳에서 도둑이 활개친다. 기업과 인재가 캘리포니아를 떠난다. 신뢰가 붕괴된 도시는 죽고 범죄는 제도가 된다. 기술, 산업만 아니라 문화, 지식, 가치가 무너져 내린다.

비트코인 등 암호화폐는 디지털로 존재하는 무형자산으로, 가치 등락폭이 크다. 신뢰가 낮기 때문이다. 미국에서는 비트코인 현물 상장지수펀드(ETF) 도입, 달러화와 연동된 스테이블 코인 등 암호화폐가 관리될 수 있다는 신뢰를 주었다. 2024년 대통령선거에서 승리한 트럼프는 국가 차원에서 비트코인 등 암호화폐 자산 비중을 높이고 규제 완화 등 신뢰 시스템을 쌓겠다고 선언했다. 신뢰 시스템이 구축되면 암호화폐를 활용한 산업, 시장 및 거래 혁신이 가능하다.

건전한 신뢰 자산 축적은 혁신의 기폭제가 되고 위기에 직면해도 회복 탄력성이 높다. 기술이 좋아도 신뢰가 없으면 혁신은 불가능하다. 신뢰 자산은 인적·물적 자산에 우선한다. 이는 기업 내 관계에서도 마찬가지다.

회사 밖에는 탁월한 사람이 많은데 왜 회사 안에는 없을까? 회사 밖의 우수한 인재를 영입한다고 효과가 있는 것도 아니다. 회사 대표들의 가장 큰 고민이다.

중종은 폭군 연산군이 폐위되고 왕위에 올랐다. 왕족이었을 뿐 쿠데타를 주도하지 않았다. 왕좌를 마련해준 공신들의 눈치를 볼 수밖에 없었다. 때를 기다렸다. 왕도정치 구현을 핑계로 신진 사림 조광조를 등용했다. 조광조는 현량과(관리선발제 개선), 위훈삭제(공신 혜택 박탈) 등 개혁을 통해 공신의 권력을 약화시켰다. 그는 공을 인정받았을까? 중종은 조광조도 권력에 도전할지 모른다고 의심했고 기묘사화를 일으켜 처단했다. 중종은 신하들에게 역할을 주고 기능을 다하면 숙청했다. 충성을 다한 대가가 죽음이라면 누가 조광조처럼 열심히 하겠는가.

중국 한나라 사마천의 《사기》〈혹리열전〉도 보자. 중죄인을 가혹하게 조사하고 처벌하는 관리가 혹리다. 장탕은 한 무제의 혹리였다. 언제나 황제의 입맛에 맞게 사건을 처리했다. 누구든 황제의 의견에 반대하거나 싫은 내색을 보이면 이런저런 죄목을 붙여 처벌했다. 억울한 사람의 원한이 쌓여 장탕을 모함했다. 황제는 장탕에게 해명할 기회를 주었으나 죄를 인정하고 자결했다. 황제는 장탕의 가족과 후손을 우대했다. 장탕은 왜 극단적인 선택을 했을까? 황제는 장탕을 이용해 권력에 도전하는 자들을 제거했다. 그 원한이 자신에게 쏠리는 것을 막기 위해 장탕이 공격받는 것을 묵인했다. 장탕이 끝까지 무죄를 주장했다면 여러 죄목을 붙여 죽였을지 모른다. 그는 죽음으로써 가문이나마 지켰다. 수족처럼 일한 자를 처벌하고 없앤다면 그 누가 열심히 하겠는가.

  토사구팽은 동서고금의 역사와 현실이다. 용도와 역할이 다하면 내쳐지는 사회에서 어떻게 살아남아야 할까? 회사에 청춘을 바쳤는데 이런저런 이유로 퇴직을 당하면 실망감과 억울함이 크다. 현대판 토사구팽이다. 사냥개도 진화한다. 주인에게 당하지 않기 위해 토끼 몇 마리를 일부러 살려두고 사냥이 계속 필요한 것처럼 만든다. 성과를 내야 하는 부서의 리더는 매년 높은 실적을 낼 수 없다. 의도적으로 실적을 조절한다. 안간힘을 다해 실적을 높이면 당해 연도에는 보너스가 높지만 다음 연도에는 더 높은 목표가 할당되어 힘들기 때문이다.

  중국 한나라 화타는 명의이지만 의술은 형이 월등했다. 그런데 아무도 그의 이름을 모른다. 그는 사람이 아프기도 전에 진단하고 처방해 병에 걸리지 않게 했다. 동생 화타는 발병한 후에야 치료해 낫게 했다. 어떤 의사가 되겠는가? 현실에서는 화타가 정답이다. 회사의 리스크를 관리하는 부서도 마찬가지다. 리스크를 철저히 예방해야 함에도 은근히 리스크가 터질 수 있게 열어 둔다. 부서가 예방 활동을 잘해 아무 일도 일어나지 않는다고 생각해보자.

리스크 부서는 일이 없다는 이유로 폐지되거나 축소된다. 해결하기에 적당한 리스크가 발생하도록 열어 두고 일이 터지면 열심히 해서 존재감을 보이는 것이 맞다. 어떤 임직원은 어느 부서에 가더라도 일이 많다고 불평한다. 일부러 일을 만드는 것은 아닌지 의심해야 한다.

  왜 이런 일이 생길까? 평생직장의 신뢰가 무너진 탓이다. 정년을 지키지 못하고 명예퇴직, 권고사직 등 중도 퇴직이 많다. 회사의 발전을 위해 많이 기여한 사람도 그 기여가 줄어드는 순간 '비용' 취급을 당하고 내쳐진다. 임직원의 창의는 충성과 신뢰를 인프라로 하는데, 그것이 약화될 수밖에 없는 구조다. 임직원이 각자의 생존을 위해 별도의 장부를 가지는 순간 회사는 퇴락한다. 형편없고 황당한 의견도 들어주고 용기 있는 실패를 칭찬해야 창의가 솟구치고 밝은 미래가 있다. 잘할 때만 아니라 못할 때도 함께 해야 한다. 임직원에 대한 존중은 결정적일 때 중국 맹상군의 계명구도처럼 쓸모를 발휘하고 오케스트라 심벌즈처럼 진한 감동을 준다.

천년의 꿈에서 찾은 혁신

이재명 대통령은 지난 대통령선거에서 제1호 공약으로 AI산업 육성을 내세웠다. 미국, 중국에 이어 AI 3대 강국 달성을 목표로 했다. 100조 원 투자, 인재 양성, 글로벌 주도권 확보, 규제 개선, 지역별 거점 대학, 병역 특례, 클러스터 조성과 국민 모두의 AI를 위한 활용 촉진 등 세부 전략을 제시했다. 무엇부터 해야 할까?

미국은 제2차 세계대전 당시 승리를 위해 항공권 장악이 최우선이었다. 항공 교전에 필수인 전투기를 튼튼하게 만들어야 했다. 전쟁에서 살아 돌아온 전투기를 심층 연구했다. 총탄 자국은 전투기의 몸통, 날개, 꼬리에 집중되어 있었다. 여러분이 담당자라면 어디를 보강했을까? 총탄 자국이 가득한 몸통, 날개, 꼬리가 적의 주요 공격 대상이 되었으니 그 부분을 보강하면 더욱 강력한 전투기가 될 것이라고 의견을 모았다.

그들의 연구는 살아 돌아온 전투기를 대상으로 했다. 복귀하지 못한 전투기가 왜 격추되었는지 알지 못했다. 몸통, 날개, 꼬리에 집중적으로 공격 받은 전투기는 그 피해에도 살아 돌아왔다. 그러나 조종석과 엔진에 충격을 당한 전투기는 돌아올 수 없었다. 몸통, 날개, 꼬리가 아니라 조종석, 엔진을 보강하는 것이 정답이었다. 살아남은 데이터에만 집중해 잘못된 결과물을 내놓는 것이 '생존자 편향의 오류' 다.

미국, 중국의 빅테크 기업은 AI 반도체, 생성형 AI와 관련 기술에서 우리에 앞선다. 우리도 그들의 기술적 진전을 그대로 따르고 빠르게 배워 AI 3대 강국에 들어가자고 한다. 그들의 목표와 수단을 베끼면 목표를 달성할 수 있을까? AI 예산과 투자를 대폭 늘리고 창업을 지원하며 인재 양성과 조기교육에 집중하자는 목소리가 높다. 미국, 중국이 이룩한 성공의 현실과 결과만 보고 허겁지겁 추격하면 생존자 편향의 오류에 빠질 위험은 없을까?

미국, 중국은 우리와 환경이 다르다. 미국은 민간 중심의 산업과 시장이 일찍 발달했고 글로벌 고객을 대상으로 서비스를 해온 만큼 적극적 선행 투자를 통해 AI와 시장을 만들었다. 인재는 육성하는 것이 아니라 돈이 몰리는 곳에서 자연스럽게 생성된다. 클러스터도 마찬가지이고 글로벌 주도권도 마찬가지다. 미국 정부는 AI 성장 주도권을 민간에 주면서 거시 차원에서 정책으로 조정할 뿐이다. 중국은 미국에 대응해 패권을 달성하기 위해 공산당을 중심으로 AI를 적극적으로 지원하고 있다. 우리는 어떻게 해야 할까? 그들을 모방하고 추격하다가 우리 고유의 장점을 찾아내지 못하거나 그나마 가지고 있는 장점마저 놓치고 잃을 위험은 없을까? 여기 참고할 만한 모델이 있다.

간송 전형필은 일제강점기의 어느 날 강화도에서 도굴되어 일본인이 갖고 있던 문화재 1점을 샀다. 그 후 가치를 알아본 일본은 이 문화재를 얻기 위해 비싼 값을 부르고 협박까지 했지만 팔지 않았다. 국보 제68호 청자상감운학문매병이 그것이다. 12세기 고려 도공들이 고운 흙으로 모양을 만들고 구름, 학 무늬를 넣어야 할 부분을 파내고 다른 색깔의 흙을 넣어 메운 뒤에 유약을 발라 고온에서 구워 만들었다. 69마리의 고고한 학과 아름다운 구름무늬는 전문 화가까지 나섰음을 알 수 있다. 2007년 태안 앞바다에서는 강진에서 개경으로 향하던 침몰선 잔해에서도 청자가 대량 발굴되었다. 고려를 다녀간 중국 북송의 서긍은 《선화봉사고려도경》에서 일관되게 고려를 비판했지만 고려청자에 대해서만 중국을 넘어선다고 평가했다. 남송의 태평노인도 책 《수중금》에서 고려청자의 비취색은 천하제일이라고 했다.

고려청자를 만들기 위해 중국의 흙을 수입하지 않았다. 중국 기술자를 고용하지도 않았다. 중국식 가마보다 크기를 줄이고 벽돌이 아닌 흙으로 가마를 만들었다. 중국에 역수출하는 쾌거를 이루었고, 중국인의 필수품이 되었다. 고려청자에서 AI 강국의 단서를 찾으면 어떨까.

고려청자의 성공을 보자. 불순물이 없는 고운 흙을 찾아 전라도 강진, 부안에 가마를 지었다. 자기 표면의 무늬도 중국처럼 현란한 채색을 하지 않고 은근한 비취색을 내는 기본에 충실했다. 자기의 무늬도 최소한의 색깔로 멋을 냈다. 중국처럼 다양한 재료와 유약이 없는 한계를 기술로 극복했다. 자기를 구울 때도 산소 등 공기 노출을 철저히 제어해 12세기에 이르러서는 중국을 넘어서는 청자를 만들어냈다. 처음에는 무늬가 없이 아름다운 비취색의 청자를 만드는 데 집중했고, 기본을 이뤄낸 다음에는 정교한 예술적 무늬를 더해 가치를 높였다.

중국 흙이나 유약을 쓰지 않고, 외국 기술자를 쓰지도 않고, 우리만의 가마에서 위업을 달성했다. 그 공식을 찾는다면 우리가 초일류 AI 강국이 되는 것이 꿈만은 아닐 것이다. 고려청자는 수많은 연구와 실수를 거듭한 끝에 흙과 유약이 결합하면서 생기는 기포가 어우러져 비취색을 완성했다. 그 순간 고려 도공들은 얼마나 기뻤을까? 유약은 자기의 겉면을 유리질로 코팅해 액체나 기체가 스며들지 않게 하고 광택을 낸다. 유약이 흙에 엉겨 붙으면서 광택을 만들고 그 안에 수많은 기포가 들어차는데, 빛이 산란하면서 푸르게 보인다. 자기는 흙과 유약의 수축률 차이로 균열이 생긴다. 의도적으로 균열이 규칙적이고 일정한 크기로 나도록 해 비취색을 만들었다. 자기의 겉면에 무늬를 새길 때도 균열의 패턴을 이용하고 서로 조화를 이룰 수 있게 배치했다. 고려청자의 비취색 자랑은 그 흔한 '국뽕'이 아니다. 미국 스미스소니언 박물관의 집요한 연구에서 나온 결과다.

고려청자는 비취색에 더해 상감, 인화, 양각, 음각 등의 기법으로 무늬를 만들어 자기의 완성도를 높였다. 무늬를 새기는 일은 자기를 굽는 과정에서 무늬가 부풀어 오르거나 번지기 쉽다는 점에서 매우 어렵다. 고려 조정은 전문 화가들까지 동원해 열을 가함에 따른 흙의 부피, 유약의 번짐과 균열의 정도까지 고려해 자기에 멋진 무늬를 새기게 했다. 흙가마 속의 온도를 관리하고 산소 등 공기를 통제하면서 자기를 굽는 기술도 발전했다. 고려 조정은 그렇게 만들어진 청자의 품질과 유통을 관리했다. 과학기술, 문화 역량, 예술가적 헌신에 국가의 노력까지 결합한 합작품이다. 중국을 넘어 티베트, 베트남, 필리핀에서도 고려청자가 발굴되었으니 중국 청자와 겨루며 수출이 활발해졌다.

AI도 마찬가지다. 고려청자를 본받아야 한다. 우리의 AI 정책은 미국, 중국을 따라 3대 강국이 되는 데 목표를 두고 100조 원의 돈을 쏟으려 한다. 연구개발, 인재 양성, 창업 지원 등 다른 산업 분야의 진흥 정책에도 단골처럼 등장하는 공식을 대입한다. 그것만이 우리의 강점은 아닐 것이다.

우리가 찾고 잃어서는 안 될 강점은 무엇일까? 이동통신 등 사각지대 없이 인터넷을 이용하는 나라가 한국이다. 결국 AI도 상용화와 활용이 중요하다. 20년 전 우리는 국민 PC 보급 운동을 일으켜 대한민국 국민이면 누구나 컴퓨터를 가지고 활용해 일상 업무를 넘어 정보 검색, 게임, 동영상 등 여가활동을 위한 환경을 만들었다. 그것이 동방의 작은 나라를 IT 강국으로 만드는 데 크게 이바지했다. 이 교훈으로 국민 AI 보급 운동을 해야 할까? 물론 과거의 성공 경험에 빠지는 경로 의존성을 조심해야 한다. 생존자 편향의 오류를 낳는 또 다른 잘못이 될 수 있다.

국민 스스로 AI를 활용해 혁신을 주도할 수 있게 정책을 펴야 한다. 먼저 우리의 강점과 접목해야 한다. 영화, 드라마, 소셜미디어, 푸드, 방산, 조선 등 문화와 산업 요인을 어떻게 AI와 접목할지 고민해야 한다. 기술을 몰라도 누구나 아이디어를 내고 사업화할 수 있어야 한다. 공공과 민간의 AI 시스템에 쉽게 접근할 수 있도록 지원하고 수익을 낼 수 있게 도와야 한다. 그런 사람이 늘어나면 인재 양성이 된다. 그런 곳이 늘어나면 클러스트가 된다. 그런 곳에 금융기관의 투자가 몰린다. 단순 모방에서는 혁신이 나올 수 없다.

트렌드 전성시대의
기업다움

1932년 1월 '기노시타 쇼조'는 도쿄 경시청 앞에서 히로히토 천황 행렬에 폭탄을 던졌다. 천황의 마차를 놓쳤으나 뒤따르던 마차에 명중했다. 폭발력은 약해 약간의 부상을 입히는 데 그쳤다. 일본 검사는 수사 결과를 남겼다.

"1928년 11월 천황 즉위식에 축하하러 왔다가 주머니에서 한글 편지가 발견되어 체포, 구금된 것에 불만을 품었다. 중국 상하이 백정선을 찾아 자금과 폭탄을 지원받고 범행을 저질렀다."

젊은 시절 뼛속까지 일본인으로 살려 했던 그는 반역죄로 처형되었고, 검찰 조서에 자신의 이름을 기노시타 쇼조 대신 '이봉창'으로 적었다. 그의 의거는 성공일까 실패일까? 천황 암살을 기준으로 하면 실패다. 조선 독립을 기준으로 하면 성공이다. 그의 의거에 감화된 윤봉길은 백정선(김구의 활동명)을 찾았고, 1932년 4월 천황 생일 축하식에서 일본군 수뇌부를 폭사시켰다. 존재감 없던 대한민국 임시정부는 국제적 지위를 인정받았다. 각국의 전폭적인 지원과 함께 확고한 독립 기반이 되었다.

포스트잇은 붙였다 떼었다 하는 기능성 접착제다. 그 제품만 두고 본다면 성공이다. 포스트잇의 확장성은 어떤가? 주변을 둘러보면 비슷한 제품은 마그네틱 기념품 등 몇몇 제품에 그친다. 산업 현장과 일상생활에서 다양한 기능과 형태로 발전했다면 더 큰 혁신이 되지 않았을까. 혁신의 성공 여부를 판단하는 기준은 무엇이어야 할까?

미국 증권거래소에서 가장 큰 혁신은 무엇일까? 우량기업 발굴일까, 투자자 보호일까, 투명하고 공정한 거래 시스템일까? 증권거래에 온라인, 모바일, 세계화를 활용한 것이라고 말하고 싶다. 인터넷이 연결된 곳이면 세계 어디에서도 미국 증권시장에 투자하게 했다. 투자 위험과 불안을 낮추는 상장지수펀드(ETF) 등 다양한 상품을 내놓았다. 미국 증권시장에 세상 돈이 모이고 미국 기업에 투자한다. 증권 거래에 따른 세금은 미국 정부가 챙긴다. 이보다 뛰어난 혁신이 있을까. 파급효과를 고려하면 성공의 크기를 가늠조차 하기 어렵다.

혁신의 성공 여부를 평가하려면 대상이 되는 기간과 목표 설정이 중요하다. 단기적으로는 성공으로 볼 수 있지만, 상기적으로는 실패인 혁신도 있다. 꾸준히 혁신하고 성장했지만 한 번의 위기를 넘지 못하고 무너지는 기업이 있다. 위기 대응 및 관리 능력을 키우지 않고 외형 매출과 이익만 키운 탓이다. 높고 크게 지었을 뿐 안전하지 않은 건축물과 같다. 높이와 크기에만 가점을 주었던 목표 설정과 그에 따른 평가가 잘못되었다.

단기적인 손실을 감수하더라도 장기적인 목표 달성에 매진해야 한다. 손실이 누적되는 단기를 잘 견디는 것이 혁신의 크고 작은 목표 중 하나여야 한다. 대규모 플랫폼, 반도체 사업은 초기에 최소 5~10년의 손실이 불가피하다. 회사의 핵심 비즈니스와 인프라를 구축하고 탄탄하게 만드는 것이 혁신의 핵심 목표가 된다. 그것이 달성되면 단기 손실이 있더라도 실패라고 볼 수 없다. 그것을 견뎌낸 기업이 아마존, 엔비디아 같은 글로벌 대기업이다.

그렇다. 혁신의 목표 설정은 장단기에 더해 정성적·정량적 사항까지 고려해 입체적이어야 한다. 기업이 속한 생태계에서 어떤 위치와 지위를 차지할 것인지 '포지셔닝'과 연대, 협력이 중요하다. 반도체산업에는 공정별 장비, 칩, 소프트웨어, 하드웨어, 패키징, 단말 등 다양한 분야가 있다. 설계, 제조 등 분야별로 참여하는 기업의 협력과 경쟁이 중요하다. 생태계에서 자신의 입지를 공고히 해야 한다. 그것을 위해 개별 기업 안에서 조직과 임직원의 달성 목표와 평가 기준이 설정되어야 한다.

김구가 물었다.

"그대는 일본 말에 능하고 그들과 어울리는 데 거리낌없다. 일본인으로 살면 되지 굳이 이 일을 하려 하는가?"

이봉창의 답이다.

"일신의 쾌락이면 30년으로 족하오. 이젠 영혼의 쾌락을 누리고 싶소."

기업에 일신의 쾌락은 무엇이고 영혼의 쾌락은 무엇일까?

매년 연말연시 서점에는 경제, 사회, 문화 트렌드를 소개하는 책이 쌓인다. 시대와 양상에 맞는 신조어가 쏟아진다. 국제전자제품박람회, 세계모바일박람회는 AI, 모빌리티, 6G 등 새해 트렌드를 소개하는 행사를 연다. 전형적인 트렌드 마켓이다.

트렌드는 경향, 추세 또는 단기간 지속되는 변화와 양상을 말한다. 세월이 흘러 행동양식으로 자리를 잡으면 문화가 된다. 소비 우위 시대에는 트렌드가 시민에 의해 만들어졌다. 산업화, 정보화, 민주화를 거치면서 트렌드는 기업이 제안하고 사회가 동의할 때 만들어진다. 경제 침체기에는 자본, 기술로 무장한 기업이 트렌드를 먼저 만들어 시장을 시험한다. 고객을 직업, 재산 등 구매력으로 나누고 MZ 등 세대를 구분한다. 데이터를 이용해 고객 취향에 맞춘다. 상류층에게는 명품 의류, 신발과 가방, 귀금속 등 프리미엄 상품을 팔고, 저소득층에게는 플랫폼을 통해 저가의 품질 좋은 상품을 판다.

AI는 트렌드가 되는 데 시간이 필요했다. 체스 게임에서 사람을 이겼지만 밋밋했다. 바둑에서 사람을 이기고 AI 챗봇이 나오자 관심을 끌었다. 일자리를 빼앗는다는 등 비난에 움츠렸다. 챗GPT에 와서는 높은 품질과 사업 기회를 자랑하며 대세가 되었다. 투자와 홍보의 승리다. 학계와 언론은 무료 광고판이 되었다. 그 뒤에는 트렌드를 넘어 문화로 만드는 트렌드 세터 빅테크 기업의 AI 전략이 있다.

트렌드는 단기 돈벌이에 그치기에 기업은 안정적인 수익을 위해 문화로 만들려 애쓴다. AI가 생활필수품이 되는 것이 목표다. 상생의 트렌드는 AI 플랫폼을 만들고 그 위에 많은 기업이 달라붙어 서비스를 할 수 있게 돕는다. 스마트폰 생태계를 만들면 수많은 기업이 달려들어 소프트웨어, 부품, OS시스템과 애플리케이션을 붙여 상생하는 것과 같다. 플랫폼 수수료 등을 높여 착취 트렌드가 될 위험도 있다. 온라인, 모바일, 메타버스로 넘어가는 새로운 장터를 열어 오프라인에 없는 상품을 개발해 공급하는 트렌드가 미래다. 다양한 미래 소비 패턴을 실험해서 인플루언서, 크리에이터 등 소비 트렌드 리더를 지원, 촉진한다.

글로벌 시장에서는 트렌드 세터가 되는 것이 중요하다. 트렌드 팔로어는 트렌드 세터에 종속되어 성장에 한계가 있다. 트렌드 세

팅에 성공하면 새로운 트렌드를 추가 개발하고 연결해 몰입도와 의존도를 높인다. 스마트폰에 삶을 위한 다양한 애플리케이션을 추가하고 AI를 통해 연결하는 것과 같다. AI는 서비스를 운용하면서 성장을 계속하는 모델이므로 소비 트렌드를 쉽게 읽어 공급 트렌드를 강화한다. 시장은 트렌드 세터가 지배하는 세상이다.

애플 아이폰, 구글 안드로이드, 오픈AI GPT는 대표적인 트렌드 세터다. 트렌드를 뒤집을 경쟁 트렌드를 내놓고 싸울 수 있다. 축구감독 히딩크는 기술 중심 축구를 이기려고 선수 체력 강화 전략을 내세워 성공했다. 트렌드를 추종해 유사 트렌드로 맹추격하는 것도 어쩔 수 없을 때는 필요하다. 국내 생성 AI 기반 모델이 그렇다. 인터넷에서 상거래가 성공한 것처럼 다른 기업의 트렌드를 기반으로 한 강력한 서비스를 내놓을 수 있다. 트렌드를 따르되 자신만의 강점으로 파고들 수 있다. 우리는 통신, 부품, 기기에 강점이 있다. 'AI 온 디바이스' 전략을 보자. 디바이스에 저장된 데이터만을 이용하면 에너지효율이 높다. 사생활보호, 보안 강화에 유리하다. 인터넷, 클라우드 연결 없이 쓸 수 있다.

트렌드 전성시대의 '기업다움'은 무엇일까? 트렌드 마켓에서는 글로벌 빅테크 기업이 '나를 따르라!'라고 외친다. 하지만 우왕좌왕 휩쓸려서는 종속된다. 기업의 존재 이유, 즉 핵심 목적을 명확히 정의해야 한다. 부끄럽지 않은 트렌드와 문화를 만들어 주주, 임직원, 고객과 함께 가꿔야 한다. 전략은 타이밍이 중요하다. 숨기고 있다가 적시에 내놓아야 한다. 글로벌 시장을 두고 다투는 세계화 시대에는 트렌드와 문화를 끊임없이 실험하고 선도하는 기업만이 살아남는다. 하지만 아무리 실험적이고 선도적인 기업이라도 국가경쟁력이 떨어진다면 기업의 혁신을 기대할 수 없다.

국가의 성공은 무엇이 결정하는가? 재레드 다이아몬드 교수의 연구를 보자. 유라시아대륙은 아프리카, 아메리카에 비해 크게 발전했다. 인종의 우수함 때문일까? 그렇지 않다. 날씨가 좋았다. 밀, 보리, 쌀 등 작물화가 쉬운 식물이 풍부했다. 소, 말, 양, 염소 등 가축화가 쉬운 동물도 많았다. 농업이 발달하자 정착생활을 했다. 농산물이 늘면서 생업 외에 다른 일을 할 기회가 생겼다. 강력한 농기구, 무기, 생활용품을 만들었다. 농경의 기획, 수확, 분배 등 권리 의무를 정하고 후손에게 노하우를 상속하려고 문자를 만들었다. 기술, 정보, 문화 등 축적과 성장이 가능했다. 대륙의 가로축을 중심으로 마차 등 운송수단과 도로를 만들어 교류했고 문명을 전파했다. 그러나 아프리카, 남미 대륙은 반대였다. 날씨가 덥고 습했다. 가축화, 작물화가 쉬운 동식물이 적었다. 대륙은 가로축이 짧고 세로축은 기후변화가 심해 이동하기 어려웠다. 지리적 환경과 위치가 국가의 경쟁력과 빈부를 결정짓는 시대였다.

유라시아대륙에서는 중세를 넘어서며 유럽이 아시아보다 더 발전했다. 종교와 상공업이 역할을 했다. 국가는 나뉘었지만 교황을 중심으로 뭉쳤는데 교회가 부패하기 시작했다. 십자군전쟁을 일으켜 이슬람제국과 싸우면서 동방으로 가는 지중해 교역로가 막혔다. 루터, 칼뱅은 교회와 귀족을 비판했고 상공업 계층의 지지를 받았다. 무역 활로를 찾고 해외 선교를 위해 대서양 항로를 개발하고 식민지 개척에 나섰다. 반면에 이슬람제국은 중국 등 교역에 만족했고 해외 선교에 소극적이었다. 중국은 신앙보다 왕권이 강했다. 농업을 중시해 백성의 이동을 원하지 않았다. 상공업에 관심이 없었다. 아시아 국가의 성장이 느려진 이유가 되었다.

유럽에서는 증기기관 발명을 필두로 산업화가 진행되었고 농민, 노동자 권익이 악화되었다. 공산주의는 농민이 많은 러시아에서 나와 동유럽, 중국을 석권했다. 미국이 자본주의를, 소련이 공산주의를 대표하면서 국방 기술을 경쟁적으로 발전시켰다. 미국은 국방 기술을 민간산업에 이전해 경제를 발전시켰다. 소련은 민간산업이 약해 그러지 못했고 경제 악화로 해체되었다. 최강국 미국은 첨단, 설계 등 분야에 집중하고 생산, 유통 분야는 중국, 인도 등 국가에 이전했다. 현재는 경기침체로 국가이기주의를 앞세워 세계가 갈등, 분쟁에 휩싸인 과도기다.

온라인으로 연결된 오늘날 세상에서는 어떤 국가가 성공할까? 마이클 포터 교수는 국가 경쟁 우위를 내세운다. 국가는 첨단산업, 전문 인력을 양성하고 역량 강화, 기술개발, 인프라 개선에 매진해야 한다. 반독점, 안전, 보건, 환경 등 법령을 엄격하게 정비하고 깐깐한 소비자 요구에 응답해야 한다. 그래야 수준 높은 산업과 품질 좋은 상품이 나온다. 정부는 민간과 경쟁을 하지 말고 중개자 역할에 충실해야 한다. 분야별 전문 기업, 인력, 기관이 모이고 연결된 산업생태계와 크러스트 구축이 중요하다. 치열한 국내 경쟁을 거쳐 세계무대로 나가게 해야 한다. 인수합병으로 소유권을 집중하며 기득권에 안주하는 자본 주도를 넘어 아이디어로 신규 산업을 창출하는 혁신 주도 단계로 가야 한다. 그것이 국가의 경쟁력이고 품격이다.

2024년 노벨경제학상을 수상한 다론 아제모을루 교수는 국가의 성공 조건으로 '포용적 제도'를 꼽는다. 소수 징치경제 엘리트가 권력, 부를 독점하는 착취적 제도에서는 국민이 생산성을 높이지 않는다. 기회가 주어지지 않기 때문이다. 언론, 시민의 감시, 견제가 중요하다. 국민이 정치에 참여하고 교육, 취업 등 기회를 높이며 사적 소유를 인정받고 창의와 혁신을 할 수 있도록 제도를 정비해야 한다. 국가발전 혜택이 골고루 국민에게 돌아가야 함은 물론이다.

우리나라는 산업화 시대에 민간 교육 수준이 낮았기에 대기업 중심의 경제발전을 추구했고 성공했다. 지금은 국민 역량이 높은 민주화 시대다. 국민을 중심에 둔 포용적 제도로 국가를 혁신해 경제 인프라로 만들어야 한다. 국가경쟁력은 기업 혁신의 필수 조건이자 핵심 요소다. 트렌트 전성시대일수록 더욱 그렇다.

창조적 파괴와
파괴적 혁신

파괴의 의미는 '때려 부수거나 깨뜨려 헐어버림', '조직, 질서, 관계 따위를 와해하거나 무너뜨림'이다. 전쟁이 대표적이다. 생명, 신체, 재산, 윤리, 문화 등 문명 사회가 쌓아올린 모든 것과 인간 자체를 파괴한다. 상실, 고통, 분노, 갈등을 수반한다. 경제 영역은 어떨까? 혁신을 위해 기존 가치를 파괴하면 창조적이라고 찬사를 보낸다.

철학자 니체는 낡은 전통을 파괴하고 인간 가치를 찾자고 했다. 중세에서는 기독교 신이 모든 가치를 대변했다. 천국은 진실이고 현실은 거짓이다. 조직, 사상, 문화, 규범, 제도 등 모든 것은 절대자인 신을 중심에 두었다. 현실에서 인간 욕구와 가치는 부정당했다. 인간은 원죄로 인해 태어날 때부터 금욕적인 삶을 살았다.

신 앞에 평등하므로 개인의 개성과 우위를 드러낼 수 없었다. 교회, 황제, 귀족이 지배하는 사회였고, 나머지는 종교와 도덕의 이름으로 복종의 삶을 살았다.

니체는 "신은 죽었다"고 선언했다. 신 그 자체보다는 중세의 낡은 전통을 거부했다. 그곳에 갇힌 인간 가치의 부활을 요구했다. 이성과 과학을 통해 가치를 실현할 능동적인 인간의 삶을 찾았다. 여기서 기독교적 전통에 숨죽여 살며 종교적 불법인, 이익을 내던 상공업자가 등장한다. 신학자 장 칼뱅은 신의 구원 여부는 이미 결정되었으니 믿고 직업에 충실하라고 설교했다. 상공업적 돈벌이에 종교적 면죄부를 주었다. 니체와 칼뱅은 중세의 종교적 전통을 파괴했다. 개인에 의한 가치와 부의 창조를 정당화했다. 경제를 존중하는 자본주의는 중세 가치관의 창조적 파괴에서 나왔다.

'창조적 파괴'라는 용어는 사회학자 베르너 좀바르트가 처음 사용했다. 숲을 파괴하면 목재가 줄어든다. 그것뿐이면 파괴에 그친다. 목재 부족이 난방용 석탄 등 대체품 발명을 촉진했다면 파괴가 창조를 촉진한 것이다. 전쟁은 정치적 이권만을 목표로 한 것이 아니다. 무기, 식량, 군복, 항공기, 군함을 공급받기 위해 제조업, 조선업, 섬유업 등 민간 산업을 성장시킨다. 전쟁 준비, 군비 경쟁도 민간 생산성을 높이고 부를 창조한다. 그러나 그것은 전쟁의 부수적 효과에 그친다. 민간 산업을 위해 인류사에 끔찍한 재앙을 가져올 수는 없다. 창조를 이유로 파괴를 무한정 허용할 수 없는 이유다. 조지프 슘페터는 파괴의 한계를 깨닫고 시장 혁신을 위해 창조적 파괴를 변형했다.

조지프 슘페터는 1911년 《경제발전의 이론》, 1942년 《자본주의, 사회주의, 민주주의》에서 창조적 파괴를 말했다. 자본주의는 자원을 불완전, 불균등하게 활용하기 때문에 시장 왜곡, 빈부 갈등 등 문제를 야기한다. 그는 자본주의가 모두에게 풍요를 가져와야 한다고 했다. 공장에서 생산된 비단 양말을 왕과 귀족만 아니라 하층민도 구입해 신을 수 있어야 한다. 여기서 기업가를 등장시킨다. 그들은 시장에서 '자기만의 왕국을 세우려는 꿈과 의지'를 가졌다. 창조 의지, 성공 욕구, 이윤 극대화 등 동기에 따라 파괴와 창조를 거듭한다. 신상품 개발과 그에 맞는 원료 도입, 생산 방법, 판로 개척, 독점 실현을 통해 세상을 풍요롭게 한다.

창조는 과거 지식, 기술, 상품을 쓸모없게 하는 파괴로써 이뤄진다. 미국 중서부 철도사업은 일리노이 중앙역에서 시작했는데, 철도역 주변 농업을 빠르게 파괴해 도시로 만들고 새로운 운송, 유통, 물류를 창조했다. 마차를 연결한다고 기차가 되지 않는다. 증기기관은 발명가 몫이지만, 기차와 철로로 연결해 산업과 시장을 만드는 것은 기업가다. 어느 기업이 창조적 파괴를 거듭하고 독점을 추구하면 경쟁 기업도 도태되지 않기 위해 창조적 파괴에 나선다. 슘페터 혁신은 기업 중심의 경제 세계를 만들었다.

슘페터 혁신은 영원할까? 쉽지 않다. 기술이 노동을 내제하면서 일자리가 줄고 있다. 국민 지지율에 목매는 정치권이 싫어한다. 법령은 현재를 뒷받침하기에 미래를 보호하기 어렵다. 권리 의무, 책임에 관해 촘촘하게 설계된 법령과 규제는 파괴되어야 할 기득권과 이해관계를 보호한다. 산업화 시대에는 지도자의 말 한마디로 도로가 건설되고 산업이 육성되었지만 지금은 그럴 수 없다. 기득권을 보호하는 법제도와 관행을 파괴하기 쉽지 않다. 블록체인은 탈중앙화를 원칙으로 하기에 중앙 통제 시스템에 이해관계를 가진 기득권을 이길 수 없다. 암호화폐는 등락폭이 크고 투기를 야기하므로 기존 통화체계를 파괴하기 어렵다. 모빌리티는 기존 택시산업 보호 문제로 혼란을 겪었다. 혁신 성과는 없고 혁신 피로감만 높아진다.

창조적 파괴에 다툼이 많은 이유는 무엇일까? 현대의 혁신은 지속적이지만 점진적이라는 한계가 있다. 과거의 혁신은 무에서 유를 만들었다. 라이트형제의 비행기, 헨리 포드의 자동차, 알렉산더 그레이엄 벨의 전화기가 그것이다. 완전히 새로운 것이므로 충돌할 기존 가치가 없었다. 현대에는 그런 것이 없다. 자율주행 전기차는 자동차를 벗어나지 못하고, 스마트폰은 전화와 인터넷의 확장에 그친다. 차량 공유는 차량 이용 방법 개선에 불과하고, 플랫폼은 온라인 거래 방식 개선이다. AI는 연산과 기억 등 정보처리시스템 개선에 불과하다. 아직은 그렇다. 경쟁 우위를 위해 미래 기술을 앞당겨 개발했지만 상상불허의 신산업을 만들지 못했다. 그래서 밥그릇을 지키려는 기득권 저항도 거세다. 이해관계를 가진 반대 세력의 공격도 거침없다. 일자리를 잃는 근로자 설득은 더욱 어렵다. 정치가 개입되면 상황을 악화시킨다.

창조적 파괴가 가능한 영역은 있다. 스스로를 파괴하고 창조하는 '자기 혁신'은 가능하다. 반발이 크지 않다. 과거 혁신으로 성공 경험을 가진 기업은 시장과 고객의 요구에 충실하면서 작은 개선에 그치는 경향이 있다. 그 결과 새로운 혁신 기업에 시장을 빼앗긴다. 큰 기업일수록 경제적 약자가 아니기에 자기 파괴에 대한 비난이 적다. 반발이 큰 근로자 혁신보다 의사결정권을 지닌 경영진 혁신에 중점을 둬야 성공 가능성이 크다.

창조적 파괴는 갈수록 쉽지 않다. 경기침체기에는 갈등과 분쟁을 높인다. 창의력만 있으면 누구나 플랫폼, AI 등 기술의 도움을 받는 시대가 오고 있다. 혁신을 기업가에게만 맡길 수 없다. 파괴를 줄이되 함께 하는 작은 혁신이 많아야 한다. 일반 생활자 모두 혁신 주체가 되고 혁신과 성과의 다양성이 높아져야 자본주의 시장경제의 미래가 밝다.

현대 국가에서 혁신을 위한다는 것만으로 파괴를 용인하기는 더욱 어렵다. 영토, 국민, 주권 등 국가 공동체의 근본과 가치를 훼손해서는 안 된다. 사람의 생명, 신체와 재산에 위험을 줘서도 안 된다. 파괴 대상을 정치, 사회, 문화 영역이 아닌 경제 영역에 국한해야 한다. 통신산업은 3G, 4G의 가치를 저평가하면서 5G, 6G로 발전했다. 가전, 휴대폰, AI 등 다른 산업도 마찬가지다. 멀쩡한 기존 기술을 '옛것'으로 만들고 있다. 자본주의가 성장하려면 기존 가치를 부정하거나 저평가해야 한다. 과거 기술, 산업과 시장을 경기침체 원인으로 돌린다. 그래야 성장을 뒷받침할 신기술을 도입할 수 있다. 이것이 조지프 슘페터 혁신의 시작이다.

 파괴 목적은 특정 기업의 성과에 그치지 않고 공동체의 성장에 둬야 한다. 파괴 대상도 경제 시스템 중 생산성이 떨어지고 비난에 직면한 낡은 산업과 시장이다. 파괴 주체도 기업가를 중심에 둔다. 기업가정신을 유독 강조하는 이유다. 기업가 이외의 파괴 주체를 상정하면 법제도를 통한 통제가 어렵고 공동체를 위험에 빠뜨릴 수 있다.

 슘페터 혁신은 21세기에도 위력을 떨치고 있다. 경기침체기에는 더욱 그렇다. 창조적 파괴가 언제까지 가능할까? 첨단기술로 일자리가 많이 없어져도 그 이론은 타당할까? 파괴 과정에서 격차와 갈등이 커지고 번져도 될까? 세계화를 통한 성장은 끝을 보이고 국가이기주의가 힘을 얻고 있다. 파괴적 혁신이 효율적이지 않으면 과감하게 다른 해답을 찾아야 한다. 경영학자 클레이튼 크리스텐슨의 '파괴적 혁신'에서 그 길을 찾는다.

선도 기업은 높은 시장점유율과 매출을 가지고 있다. 핵심 고객 요구에 집중하고 경쟁 기업 방어를 위해 품질을 높이고 지킨다. 그 과정에서 기능, 가격 등에 불만을 가진 고객이 생긴다. 높은 품질보다 낮은 가격을 원한다. 많은 기능보다 단순 편리함을 원한다. 여기서 신생 기업이 나온다. 품질이 낮더라도 저렴하고 단순하며 편리한 상품을 내놓아 선도 기업의 빈틈을 파고든다. 시장에 자리를 잡은 뒤에는 기술혁신을 통해 선도 기업의 핵심 상품과 경쟁한다. 선도 기업은 혁신에 소홀하지 않았는데 시장 우위를 잃어간다.

크리스텐슨의 혁신은 슘페터의 창조적 파괴처럼 기존의 낡은 산업과 시장을 완전히 파괴하고 새로운 산업과 시장을 만드는 것은 아니다. Destruction(시장 파괴)이 아니고 Disruption(관습 파괴)이다. 슘페터 혁신보다 완화된 형태의 경쟁 전략이다. 선도 기업의 약점을 파고들어 작은 시장을 빼앗고 기술개발 등 혁신을 통해 큰 시장을 노린다.

혼다는 1950년 이후 북미 오토바이 시장에 진출했지만 실패했다. 혼다 오토바이는 오래 달리면 기름이 자주 새거나 클러치가 빨리 닳아 장거리나 상업용 운전에 약했다. 어떻게 했을까? 선도 기업이 관심을 두지 않던 단거리와 여가용 소형 오토바이 시장을 공략해 성공했다. 그 뒤 기술혁신을 통해 대형 오토바이 시장에 진출했다. 스마트폰도 마찬가지다. 데스크톱 PC보다 성능이 낮지만 휴대하는 작고 예쁜 컴퓨터다. 전화기에서 시작해 AI까지 딥 재해 컴퓨터 등 미래시장을 정조준한다. 온라인 마켓은 어떤가? 신선한 상품, 저렴한 가격, 편리한 배송으로 대형마트의 빈틈을 파고든다. 기술 강점으로 오프라인 마켓도 노리고 있다.

  파괴적 혁신을 하려면 어떻게 해야 할까? 선도 기업이 정부 규제, 비용 부담으로 인해 즉각 대응하지 못하는 분야를 찾아야 한다. 저가 시장에서 고가 시장으로 올라가는 기회가 있어야 한다. 신생 기업이 내놓은 상품이 선도 기업보다 기술, 품질이 좋을 필요는 없다. 선도 기업 상품에 식상한 고객을 유혹할 수 있으면 된다. 단순해야 한다. 편리해야 한다. 저렴해야 한다. 그러면 정부 규제도 덜 받는다.

  선도 기업은 왜 신생 기업의 도전에 제대로 대응하지 못할까? 까탈스러운 주요 고객 요구에만 귀 기울여 그런 것은 아니다. 선도 기업이 되면 의사결정 등 구조가 관료화된다. 좋은 말로는 체계화다. 회의가 많고 길다. 좋은 아이디어에 성능을 높이고 기능을 다양화한다며 군더더기를 붙여 상품성을 잃는다. 인사, 재무, 법무, 감사 부서의 간섭이 들어오면 아이디어에 손상이 생긴다. 정부 규제도 있다. 좋은 게 좋다고 순응하면 좋은 상품을 내놓기 어렵다. 카카오톡을 보자. 단순하고 편리하다. 많은 기능을 넣고 복잡했다면 국민 서비스가 되지 못했을 것이다.

파괴적 혁신에 문제점은 없을까? 슘페터가 제안한 창조적 파괴의 '순한 맛' 혁신에 그친다. 기업가 중심으로 접근한다. 기업가만 혁신 주체로 하면 국가 측면에서 창의력과 혁신 총량이 늘지 않는다. AI 시대에 일자리가 없거나 창업을 택한 많은 일반 생활자가 있다. 그들을 혁신 주체로 만들고 그들의 아이디어를 기업과 세상이 활용할 수 있어야 한다. 파괴적 혁신은 선도 기업에 대해 시장 우위를 확보하는 것에 그쳐서는 안 된다. 커지지 않는 파이를 나눠 먹는 것에 불과하다. 전체 산업과 시장을 키우는 전략으로 바꿔야 한다. 혁신 주체, 혁신 대상, 혁신 방법을 근본적으로 파괴해야 한다. 다양성을 높여 분야별 작은 산업과 시장을 많이 키워야 한다. 그 성공이 바탕이 되면 큰 산업과 시장도 쉽게 만들 수 있다.

기존에 없던 새로운 산업과 시장을 만들어야 자본주의 자유경제가 성장한다. 파괴적 혁신이 특정 분야 '레드오션'을 두고 도토리 키를 다투는 전략에 멈춰서는 안 되는 이유다.

창조적 독점과
비파괴적 창조

페이팔 창업자 피터 틸은 수평적 경쟁 상태 Zero에서 균형을 깨고 독점 상태 One을 만드는 '창조적 독점'을 내세웠다. 디지털 시대는 경쟁자의 모든 정보가 시장에서 투명하게 공개된다. 경쟁에서는 상대방을 서로 모방하며 조금 앞서는 데 힘을 쏟을 뿐 시장을 뒤흔드는 혁신을 하지는 못한다. 실적이 조금 오르면 잘한다고 착각한다. 마케팅 비용을 쓴 만큼의 효과에 불과하다. 경쟁자의 반격으로 결국 제자리에 돌아오는 '무늬만 혁신'에 갇힌다.

 창조적 독점의 예를 보자. PDA를 기억하는가? 손가락으로 스크린을 터치해 쓰는 작고 가벼운 컴퓨터다. 음악, 게임을 즐기거나 바코드 또는 GPS 스캐너와 결합해 산업용으로 사용한다. 옛 휴대전화기는 어떤가? 전화기에 운세, 게임을 넣어 이용한다. 결과는 어떤가? PDA는 컴퓨터 시장에 갇히고, 휴대전화기는 전화기 시장에 갇혀 실패했다. 무엇에 밀렸을까? 스마트폰이다. 멋진 디자인의 전화기에 강력한 컴퓨터를 장착했다. 보조금까지 지급하는 통신업체 전국 대리점을 판매망으로 활용했다. 전화기와 컴퓨터를 화학적·문화적으로 융합해 시장을 석권했다.

  창조적 독점을 하려면 어떻게 해야 하는가? 최소 10배 앞선 기술을 개발하라. 그 대신 경쟁 업체를 위협하는 파괴적 방법을 택하지 마라. 경각심을 주고 방어할 기회를 줄 뿐이다. 큰 시장부터 뛰어드는 퍼스트무버가 되지 말라. 상륙작전의 첫 부대처럼 괴멸되기 쉽다. 작은 시장에서 먼저 성공하라. 기회를 기다려 큰 시장으로 옮기는 라스트무버가 좋다. 아마존은 인터넷에서 도서를 팔아 성공한 다음 온라인 거대 쇼핑몰로 진출했고 지금은 클라우드 컴퓨팅 최고 기업이다. 우수한 인재를 모아 목표 중심의 팀을 구성하라. 간섭해서는 안 된다. 효과적인 광고, 유통, 물류 시스템을 갖춰라. 제휴 업체와 회원을 대폭 늘려 규모의 경제를 만들어라. 기억에 각인되는 강력한 브랜드가 있어야 한다. 세상이 깜짝 놀랄 사업 기회를 포착하라. 에어비앤비는 빠듯한 일정에 쫓기며 호텔을 전전하던 여행객에게 개인 집을 내어줘 현지인의 삶을 제공했다. 우버는 개인 운전자와 차량을 이용해 모빌리티의 수요와 공급 구조를 획기적으로 바꿨다.

창조적 독점은 문제가 없을까? 독점의 왕관을 수여받으려면 그에 어울리는 창조가 있어야 한다. 옛날 제임스 와트의 증기기관, 조지 스티븐슨의 철도는 Zero에서 만들어진 One이다. 21세기에 그런 기술이 있을까? 거의 없다. 과거에는 오로지 개인의 창의와 끈기를 통해 신기술, 신산업이 창조되었다면, 지금은 기존 기술들의 결합과 금융 자본에 의한 창조가 대부분이다. 규모의 경제를 달성하기 위해 출혈경쟁에 빠져 가격 인하, 광고비 지출로 많은 손실을 감수한다. 금융기관 등 자본의 지속적인 도움이 필수적인데, 수백 배로 되갚아야 할 빚이다. 산업생태계를 떠받치는 공급, 유통, 배송업체, 소상공인, 근로자의 지원과 협력도 중요하다. 디지털 상품은 공장에서 완제품이 나오는 것이 아니라 출시된 뒤에 피드백을 받아 성장한다. AI는 고객과 공동체의 데이터를 학습 원료로 쓴다. 결국 디지털산업은 금융기관, 투자자, 제휴 업체, 고객과 공동체의 지원 없이 만들 수 없다. 독점에 대해서는 정부 규제의 칼날도 날카롭다. 특정 기업만의 혁신만으로 창조적 독점을 하기 어렵고, 하더라도 위태롭다.

피터 틸의 창조적 독점은 기업 중심의 비파괴적 시장 우위 전략에 불과하다. 슘페터, 크리스텐슨 혁신에서 크게 벗어나지 못한다. 디지털 시대에는 대기업이 수용하지 못하고 거기에 얽매이기 싫어 창업하거나 소규모, 1인 기업을 하는 디지털생활자가 많다. 누구든지 AI 인프라를 쉽게 제공받아 사업을 만들고 실행할 수 있게 돕는 생태계와 법제도를 구축해야 한다.

창조적 독점은 기업 밖의 디지털생활자를 위해 혁신 주체의 자리를 내어주고, 그들이 스스로 혁신할 인프라와 기회를 아낌없이 제공할 때 비로소 가치를 꽃피운다.

피터 틸이 창조적 독점을 주장했다면, 경영학자 김위찬과 르네 마보안은 블루오션을 넘어 비파괴적 창조를 주장한다. 기존 시장에서 옛것을 다투지 말고 시장 밖에서 새것을 만들라고 한다. 슈페터의 창조적 파괴는 기존 산업 안에서 새것을 만들다 보니 기존 시장, 기술, 일자리를 없애며 성장한다. 옛날 자동차산업이 성장하면서 마차산업, 시장, 마부와 말 관련 일자리가 파괴되었다. 창조적 파괴에 따른 불안과 공포는 생존투쟁으로 이어지며 갈등과 대결로 치닫는다. 파괴의 단점이다.

레드오션은 같은 시장에서 비슷한 상품끼리 극한 경쟁을 해서 수익은 줄고 비용 절감, 가격 인하 등 출혈경쟁 외에는 답이 없다. 블루오션은 다르다. 기존 산업의 '경계'에서 새것을 만들자 없던 수요가 생긴다. 물론 기존 시장의 수요도 일부 넘어온다. 파괴와 비파괴가 조화와 균형을 이룬다. 비파괴적 창조는 블루오션에서 조금 더 나아간다. 기존 산업의 '경계를 벗어난 곳'에서 새것을 만든다. 창출된 수요는 모두 새것이고 기존 시장에서 오지 않는다. 파괴 없는 혁신이다. 부작용이 거의 없다.

블루오션의 사례를 보자. 시력교정용 안경은 오디오북 시장의 경계에서 나왔다. 온라인 강의는 오프라인 강의의 경계에서 나왔다. 전자책 리더는 종이책 시장의 경계에서 나왔다. 온라인 쇼핑은 오프라인 쇼핑의 경계에서 나왔다. 온라인 여행 영상은 오프라인 여행의 경계에서 나왔다. 로봇 배송은 오토바이 배송의 경계에서 나왔다. 비파괴적 창조에는 어떤 것이 있을까? 김치냉장고는 기존 냉장고를 파괴하지 않는다. 사이버 보안은 오프라인 보안을 파괴하지 않는다. 어린이 영어방송은 영어 유치원, 도서관을 파괴하지 않는다. 우연한 발견에서도 혁신이 가능하다. 심장병 치료제 비아그라는 발기부전 치료제가 되었다. 불량 접착제 포스트잇은 누구나 쓰는 사무용품이 되었다.

비파괴적 창조는 기업이 성장하기 위한 시장 규모를 키우고 새 시장을 만든다. 기존의 산업, 기술, 일자리를 없애지 않는다. 공동체에 미치는 피해를 줄이고 모두가 상생한다. 기존 경쟁을 훼손하지 않고 환경·사회·지배구조(ESG) 등 공공 이익에 부합한다. 뮤직낫임파서블은 1인당 착용형 진동 감지기 24개를 청각장애인에게 제공하고 음악 콘서트를 즐길 수 있게 했다. 생성형 AI 기술을 활용해 비파괴적 혁신을 쉽게 찾아낼 수 있다면 디지털 시대에 가장 효과적인 혁신이 될 수 있다.

문제는 없을까? 첫째, 혁신 공간을 기존 시장 안, 경계와 밖으로 칼로 베듯 나누는 형식적 분류는 융복합 시대에 불가능하다. 둘째, 비파괴적 창조를 강조하면 대기업 등 기득권과 싸움을 통해 시장을 바꾸려는 노력을 약화시킨다. 기존 시장을 대표하는 기업이 그의 이론을 반기는 이유다. 기존 기업은 ESG 등 공익활동을 통해 경제적 가치보다 사회적 가치가 있는 시장을 도움으로써 혁신 부족에 대한 면죄부를 얻는다. 그렇다. '파괴적' 혁신이 끊임없이 요구되는 영역이 있다. 혁신 없는 독과점 시장에서는 '생즉사 사즉생'의 각오로 싸워 파괴해야 한다. 혁신이 마른 행주를 쥐어짜듯 생태계를 착취해서도 안 된다. 제휴 업체, 소상공인, 근로자는 산업과 시장 생태계를 가꾸는 소중한 구성원이다. 그들을 존중하고 함께 혁신해야 진정한 비파괴적 창조다. 셋째, 기업만으로 비파괴적 혁신을 하기는 어렵다. 지구 경제권이 '닫힌 경제권'에서 온라인 '열린 경제권'으로 발전했다. 이제는 기업가의 손길이 미치지 않은 영역이 없다. 블루오션이나 신산업을 더는 찾기 어렵다. 기계, AI, 신기술로 사람 일자리가 줄면서 비용 절감을 했지만 아이디어 공급원도 고갈되었다. 사람 없이 AI만으로 창의가 생기지 않는다.

이럴 때일수록 AI 기술을 과감하게 공개하고 혁신 주체를 기업에서 디지털생활자로 바꿔야 한다. 작지만 다양한 시장을 많이 만드는 혁신이 불길처럼 일어야 비파괴적 창조가 성공한다.

경계 밖에서 경영하라

중국 전국시대 상앙은 관직을 얻으러 진나라 임금 효공을 면담했다. 복희, 신농, 요, 순 등 중국의 신화를 창조한 '황제의 도'를 말했다. 효공은 코를 골았다. 하, 은, 주 3대를 이끈 '성군의 도'를 말했다. 효공은 지루했다. 백성을 가혹하게 다루고 적국을 전쟁으로 눌러 부국강병을 이룬 '패자의 도'를 말했다. 효공의 눈이 반짝였다. 상앙을 등용해 뒷날 진시황의 중국 통일 토대를 닦았다. 많은 기업이 창조보다 경쟁을 택한다. 창조를 통한 기업 혁신이 이상적인 황제와 성군의 도라면, 사냥하듯 시장 우위를 노리는 경쟁은 현실적인 패자의 도가 아닐까. 경제가 고도화되면서 신산업을 창조하기 쉽지 않다. CEO의 임기가 짧기에 단기 성과로 평가받는 시대다. 경쟁자를 조금이라도 앞서는 것이 평가와 보상에 중요하다.

경영학자 피터 드러커의 생각은 어떨까? 기업가는 목적과 초점을 가지고 조직의 경제적·사회적 잠재력에 변화를 일으킨다. 근로자를 비용이 아닌 자산으로 인식한다. 일자리는 자본과 기술이 아니라 기업가에 의해 만들어진다. 자본주의는 창조와 파괴를 거듭한다. 훌륭한 기업가는 불확실성에 달려들고 미지수를 처리한다. 변화를 이끌어 파괴를 막고 창조에 올라탄다. 돈벌이에 그치지 않고 시장과 사회를 위해 혁신하는 조직을 만든다.

변화에 기회가 있다. 산업과 시장에 나타나는 특이한 징후, 인구수, 인식 변화를 감지하고 경영에 연결한다. 특이한 현상과 다양한 불일치에서 기회를 찾는다. 기존 시스템으로 해결할 수 없는 일에 귀를 기울인다. 뉴욕 메이시 백화점은 우아한 패션 상품이 주력이었는데, 가정용품이 더 팔리는 특이한 상황에 직면했다. 이에 중산층 성장에 따른 안정적 장기 패턴으로 분석했고, 가정용품 매장에 집중해 실적을 높였다. IBM은 컴퓨터를 과학계에 팔았다. 기업의 관심과 문의가 늘었다. 기업의 규모 증가와 복잡화에 따른 현상이었다. 놓치지 않고 기업용 컴퓨터 시장을 열었다.

항상 더 나은 해결책이 있다는 확신을 가져야 한다. 생각이 바뀌면 시장도 달라진다. 타이밍이 중요하다. 소규모로 접근하되 디테일을 살려야 한다. 지식에 기초한 혁신도 중요하다. 시간이 걸리지만 효과가 크다. 시장 창출을 끊임없이 고민하라. 듀폰은 나일론을 개발했지만 나일론을 팔지 않았다. 나일론을 소재로 만든 스타킹, 속옷, 타이어를 파는 시장을 만들었다. 핵심에 집중하고, 시장을 선점하라. 혁신은 위험이 커서 재무, 관리에도 신경을 써야 한다. 고객의 소리를 경청해야 한다. 면도는 시간과 비용이 들고 위험하다. 질레트는 일회용 면도기를 개발했다. 고객의 시간, 비용을 절약하고 안전을 보장했다. 성공 사례를 창조적으로 모방하고 경쟁자를 이용하는 등 전략적으로 시장을 지배해야 한다.

피터 드러커가 놓친 문제도 있다. 비용 절감은 즉각적인 효과를 낸다. 하지만 관료화도 같이 진행되는 단점이 있다. 작게 성공한 기업은 많지만 크게 성공한 기업이 적은 이유다. 단기 성과를 중시하는 기업이 쉬운 가르침만 실천한 결과다. 혁신을 규칙으로 만들면 임직원을 수동적으로 만든다. 톡톡 튀는 아이디어가 사라진다. 단기 성과를 지키기 위해 컴플라이언스, ESG, 홍보 등 관리에 비중을 둔다. 세계적 경영학 교수나 글로벌 컨설팅 업체의 도움을 받는다. 실제 도움이 되었는지는 중요하지 않다. 컨설팅을 받았다는 것 자체가 중요하다. 열심히 한다는 느낌을 준다. 이상은 초격차를 표방하지만 현실은 모방하며 조금 앞지르는 전략이 주를 이룬다.

피터 드러커의 주장이 의미 있는 시대가 있었다. 끊임없이 성장하는 시대다. 규제도 느슨했다. 새롭고 특이한 것을 하면 성과를 낼 수 있었다. 거기서는 모든 것이 혁신이 되었다. 지금은 호황보다 침체가 많다. 이처럼 기업경영의 바이블로 불리는 피터 드러커의 혁신과 그에 따른 한계를 인식한다면, 톰 피터스의 '소프트 파워' 혁신은 새로운 기회를 만들 수 있을까?

경영학자 톰 피터스는 초우량기업 또는 탁월한 기업의 조건으로 수치, 계획, 조직도 등 하드파워보다 사람, 관계, 문화 등 소프트 파워를 강조했다. 하드파워를 보자. 수치는 환상에 불과하고 조작하기 쉽다. 계획은 대개 희망 사항이다. 조직도는 시장 변화를 따라가지 못한다. 매뉴얼과 규칙으로 기업을 관료화한다. 임직원 스스로 소모품이라고 여기고 갈등, 대립, 분쟁을 야기한다. 주주, 고객, 사회로 갈등이 확대된다. 사람 중심 소프트 파워는 다르다. 희생, 배려, 존중, 공감, 경청, 협력 등 문화가 인프라가 된다. 신뢰를 바탕으로 건전하고 강력한 조직을 만든다. 창의적 근무 환경을 만들고 위기 극복과 기회 포착이 빨라진다. 비판, 설득, 요구가 동료를 배제하기 위한 것이 아니라는 믿음이 있다. 갈등과 분쟁 없이 목적을 달성하고 현안을 해결한다. 소프트 파워는 기업 혁신, 경쟁력 강화로 이어져 초우량기업을 만든다.

자본주의 경제는 합리성을 강조했다. 노동을 줄이고 자본, 기술로 성장했지만 그것도 한계에 봉착했다. 이에 따라 사람의 의미, 관계, 역할을 재조명했다. 인적자산 중심의 인프라를 만들어 재도

약 기회를 찾자는 것이 소프트 파워 혁신이다.

 소프트 파워를 위해 뭘 해야 할까? 첫째, 기업이 비대하면 논의 과정은 길어지고 결정은 모호해진다. 시장 반응 속도가 느려 변화를 따라잡지 못한다. 보고서 작성 등 형식적인 일에 시간을 낭비한다. 재무, 인사, 노무 등 법령 준수를 명목으로 스스로 역할과 범위를 줄이고 한계를 만든다. 조금이라도 위험하면 실행하지 않는다. 작으면서 신속한 의사결정과 효과적인 실행이 가능한 조직을 만들어야 한다.

 아울러 시장우위에 만족하지 말고 끊임없이 도전해야 한다. 시장조사, 분석에 시간 낭비 말고 목표, 핵심을 잡아 실천에 중점을 둔다. 이와 함께 고객과 친밀함을 유지하고 귀를 기울이며, 임직원의 자율성을 존중하고 좋은 도전과 실패를 장려함으로써 숨어 있는 기회를 찾아야 하고, 이를 위해 상상력과 창의력을 높여야 한다. 자본과 기술보다 사람을 통해 생산성을 키우는 것은 물론 핵심가치를 실천하는 것도 소프트 파워를 혁신하는 길이다. 햄버거 체인 맥도날드는 품질, 서비스, 청결을 핵심 가치로 실천해 성장했다.

 핵심 사업에 집중하는 것도 잊지 말자. 문어발식 확장으로는 더는 경쟁에서 이길 수 없다. 본사 조직이 크면 간섭만 늘고 사업을 방해한다. 작고 단순해야 한다. 프로젝트는 별도 팀을 만들어 실행한다. 대기업은 현상 유지에 급급하지만, 중소기업은 변화를 갈망한다. 중소기업처럼 운영해야 한다. 한편, 엄격함과 온화함을 갖춰라. 핵심 가치를 지키는 데 엄격하지만, 실행은 상황에 맞게 탄력적이어야 한다. 경영자는 군림해서는 안 된다. 임직원, 고객, 주주를 위해 봉사하고 섬겨야 한다.

  소프트 파워는 미묘한 인간과 문화를 다루므로 자본, 기술 기반 혁신보다 실패하기 쉽다. 성과가 나오기 전에 측정하기 어렵다. 대기업 중심 전략이라는 한계도 있다. 비합리성에 의존하면 독점 규제에 취약하다. 확고한 기존 문화가 있으면 새로운 문화를 도입하기 어렵다. 기존의 좋은 문화까지 잃는다. 경영진 간, 노사 간, 노동자 간에 크고 작은 갈등이 많아진다. 사내 파벌도 문제다. 아이디어는 소수가 독점하고 다수에게는 시키는 일이나 잘하라는 분위기가 앞선다. AI 등 기술이 노동을 대체하며 평생직장 개념도 없어졌다. 서구처럼 직장을 옮기기도 어렵다. 임직원 수가 줄면 사람 중심 소프트 파워도 약할 수밖에 없다. 일자리를 잃는 개인에게 기회를 주고 아이디어를 만드는 일을 도와야 한다. 작지만 강한 기업과 협력해야 한다. 기업 내부를 넘어 외부까지 고려해 소프트 파워 생태계를 설계해야 한다.

  AI 등 글로벌 빅테크가 세상을 장악하고 있다. 우리도 초우량기업이 필요하다. 대기업만으로는 어렵다. 중소기업, 벤처, 국민과 협력해 창의를 높이며 실행력을 갖춰야 한다. 특정 기업을 넘어

AI 생태계까지 아우르는 소프트 파워는 초우량기업의 필수조건이고 기본 인프라다.

 경영학자 마이클 포터는 경쟁우위 확보 전략에서 길을 찾는다. 그는 산업구조를 지배하는 5개 힘(5 force)을 기준으로 역량을 진단하고, 기업 조직을 주요 업무와 지원 업무로 분류해서, 이를 바탕으로 사슬처럼 연결(value chain)해 차별화, 집중화, 비용 우위 등 본원적 경쟁력을 키운다.

 5 포스(force)는 기존 기업 간 경쟁, 잠재적 진입의 위험, 구매자의 협상력, 공급자의 협상력, 대체재의 위협을 말한다. 기존 기업 간 경쟁을 보자. 높은 기술력, 좋은 브랜드, 특별한 제품, 가격 경쟁력이 있으면 유리하다. 불황기에 설비 매각, 용도 전환이 어려우면 유지비용 증가로 불리하다. 잠재적 진입의 위험은 어떤가? 신규 진입이 쉬우면 기존 기업은 경쟁 우위를 갖기 어렵다.

 고액 자본금 등 진입 요건을 갖춰 정부 허가를 받아야 하는 사업 분야는 진입장벽이 높다. 이동통신 사업은 경매로 수천억 원을 들여 주파수를 할당받아야 하므로 진입이 쉽지 않다. 은행업은 1천억 원 넘는 자본금, 대주주 등 주주 요건, 영업시설, 전산 체계 등 인적·물적 설비를 갖춰 허가를 받아야 한다. 예금자보호, 건전성 확보 등 조건까지 붙어 진입장벽이 매우 높다. 반도체 제조, 공정 등 핵심 기술을 기반으로 하는 시장도 진입하기 어렵다.

진입장벽이 높으면 기존 사업자가 경쟁우위를 확보하기 쉽다. 온라인 플랫폼은 회원 증가, 유통망 확대 등 손실을 감수하며 규모의 경제를 키워 진입장벽을 높인다. 구매자의 협상력은 공급자에 비해 수가 적고 대량 구매 능력이 있거나 구매자들을 단결시킬 수 있으면 증가한다. 공급자의 협상력은 구매자에 비해 수가 적고 구매자들을 분리시킬 수 있으면 좋아진다. 대체재의 위협은 어떤가? 대체재가 없는 제품을 가진 기업은 경쟁우위를 가지기 쉽다.

산업구조를 이해하고 유리, 불리, 강점, 약점을 분석했다면 기업에 맞는 가치사슬을 만들어야 한다. 기업활동이 사슬처럼 연결되고 생물처럼 움직이며 목표와 수익 등 가치를 창출한다. 기업활동에 맞게 조직과 업무를 분류하고 주요 업무에 핵심 역량을 투입한다. 주요 업무는 구매, 생산, 영업, 판매이고, 지원 업무는 인사, 법무, 재무, 연구개발이다. 주요 업무를 잘 수행하고 성과를 내는지에 따라 경쟁 우위가 결정된다.

주요 업무로 성과를 내려면 차별화, 집중화, 비용 우위를 통해 본원적 경쟁력을 확보해야 한다. 차별화는 가격을 올리거나 비싸도 고객이 충성하는 놀라운 제품을 가지는 것이다. 차별화를 위해 기술, 브랜드, 디자인을 적극 활용한다. 집중화는 성장 가치가 높은 분야로서 가장 잘하고 효과가 큰 분야를 찾아 공략한다. 비용 우위는 인적·물적 자원의 숙련과 고도화를 통해 원가를 낮춰 가격 경쟁력 또는 영업이익을 높임으로써 경쟁 우위를 만든다.

문제는 없을까? 산업은 복잡하고 시장은 다양하다. 5 포스만으로는 변화무쌍한 산업구조를 이해하기 어렵다. 임직원, 주주, 사회, 정부 등 안팎의 이해관계를 고려해야 한다. 기업의 사회적 책임, ESG 등 사회 공헌도 경쟁력에 영향을 준다. 세계화, 디지털, 온라인화로 인해 외국 법령과 규제, 공급망, 유통망, 금융망도 무시할 수 없다. 가치사슬은 어떤가? 주요 업무를 잘해도 고강도 규제에 직면하거나 부도덕, 부조리, 처리 미숙 등 브랜드가 손상되면 경쟁력이 떨어진다. 주요 업무 못지않게 지원 업무가 중요해지는 이유다. 조직도상 업무 분류와 내용이 시장의 변화를 따라잡지 못하면 혼란이 생기고 임직원 간에 갈등이 생긴다. 사내 커뮤니케이션에 시간을 낭비할 수밖에 없다. 산업고도화로 더이상의 성장과 가치 실현이 쉽지 않고 경기침체가 장기화되면 차별화, 집중화, 비용 우위만으로 경쟁력을 갖기 어렵다. 모두 그렇게 하기 때문이다.

기업이 자신의 이윤 창출에만 매몰되면 답이 없다. 경쟁은 치열해지고 성과는 낮아진다. 생각을 바꿔야 한다. 공동체가 직면한 기후변화, 빈부격차, 자연재해, 전염병, 일자리 부족, 사회갈등 등 현안 해결과 수익 창출을 동시에 이끌 사업을 발굴해야 혁신이 바로 선다.

당연함에서 단순함으로

누군가에게 공을 던져보라. 공 1개를 던지면 쉽게 잡는다. 한꺼번에 2개 이상의 공을 던지면 어떨까? 공 1개도 잡기 힘들다. 복잡하기 때문이다. 기업이 상품을 기획, 설계하고 제조, 판매하는 과정도 마찬가지다. 부서, 위원회 등 많은 조직이 관여하고 프로세스가 복잡하면 다양한 상품이 나올 수는 있어도 인기 있는 상품이 나오기는 어렵다. 상품의 본질과 핵심은 복잡함 속에 갇혀 드러나지 못한다. 스콜라 철학자 윌리엄 오컴은 가정과 전제를 제거하고 본질과 핵심만 남기면 진리와 정답일 가능성이 크다('오컴의 면도날')고 했다.

  탐험가 콜럼부스의 달걀을 보자. 달걀을 세로로 세우는 것은 신의 영역이다. 인간이 그렇게 하려면 특단의 수를 써야 한다. 달걀의 아랫부분을 깨뜨려 세우는 것이다. 단순하지 않는가. 알렉산더의 매듭을 보자. 복잡하게 얽혀 있는 매듭을 푸는 방법은 무엇인가? 많은 시간을 들여 일일이 매듭을 풀 수 있지만 단칼에 잘라 버리면 바로 풀린다. 단순함의 힘이다. 유료방송 채널을 보자. 수많은 방송 프로그램 채널이 있어 다양한 것 같지만 복잡하기만 하다. 좋은 콘텐츠를 가려내기 쉽지 않다. 복잡하게 얽어 놓고 선택권을 주는 것은 선택권을 주지 않은 것과 같다.

애플 아이폰도 마찬가지다. 제품안내서가 필요 없다. 버튼도 거의 없다. 사용하다 보면 쉽게 즐길 수 있다. 카카오톡 메시지를 보자. 단순하다. 설명서 없이 사용법을 몰라도 이용할 수 있다. 당시 거대 기업이었다면 만들지 못했을 것이다. 기획, 설계 과정에서 집단지성의 아이디어를 모은다며 쓸데없이 많은 임직원이 관여한다. 결재 과정에서 이런저런 의견을 덧붙인다. 기능만 많고 고객이 찾지 않는 서비스가 나올 것이 명백하다.

음식도 그렇다. 양념을 덕지덕지 바른 생선은 맛있고 입을 자극한다. 생선이 지닌 본연의 맛보다는 양념의 맛이다. 음식의 궁극적인 맛은 지미무미(至味無味), 즉 참맛은 단지 담백할 뿐이라고 한다. 양념 속에 숨지 않은 신선한 식재료에서 나오는 담백한 맛이다. 그렇다. 좋은 식재료가 없던 시절에 양념을 발전시켜 끼니를 때우다 보니 재료 본연의 맛이 어색할 수 있다. 단순한 맛의 본질과 핵심에 매료되면 과한 양념의 음식을 먹기 어렵다. 화가 마크 로스코의 그림은 많은 색깔의 물감을 쓰지 않는다. 균형 잡힌 한 두 색으로 큰 화면을 가득 채운다. 단순하지만 감동을 주고 마음을 정화시킨다.

 이동통신업체에 대한 고객 불만 중 하나가 요금제다. 너무 많고 복잡하다. 자세한 설명을 들어도 이해하기 어렵다. 단순한 요금제를 가지고 있는 업체가 있다면 바로 옮길 것이다. 요금제가 복잡한 이유는 규제 때문이다. 정치권에서는 선거철이면 국민의 표를 얻기 위해 저렴한 요금제를 내놓으라고 법적 근거 없이 강요한다. 어쩔 수 없이 그런 요금제를 내놓지만 그렇게 해서는 손해볼 수밖에 없어 수많은 요금제 속에 가둬 둔다. 그렇게 해두고 대리점, 판매점의 현란한 말솜씨로 고객을 끌어들인다. 정부와 정치권의 관여를 끊어야 한다. 단순한 요금제로 고객만 보고 경쟁할 수 있게 해야 한다. 단순함은 복잡함이 가진 가리개를 양파처럼 까서 본질과 핵심을 드러낸다. 그것이 시장과 고객을 위한 길이다.
 단순함의 단점은 무미건조함이다. 쉽게 질릴 수 있다. 그래서 대책이 필요하다. 그것은 아름다움이고, 시각, 청각, 촉각, 후각, 미각 등 고객의 가슴 뛰는 감각에 호소하는 것이어야 한다. 내가 겪은 휴대폰업체는 고객이 포장 상자를 뜯고 그 안의 매끈한 스마트폰을 접하는 언박싱 시간을 약 7초에 맞췄다고 한다. 고객의 기대감과 감동을 극대화한 것이다. 단순함은 고객이 쉽게 지갑을 열게 할 뿐 아니라 기꺼이 가슴으로 받아들이게 한다. 이를 위해서는 기존 것이 당연하다는 생각에서 벗어나야 한다.

  시각에 관한 이야기로 넘어가자. 1969년 22살의 스티븐 스필버그 감독은 TV 단편 〈아이즈〉를 연출했다. 뉴욕 고급주택가 노년의 부유층 여인이 주인공이다. 미술품 수집가인 그녀는 자신의 수집품을 한 번도 보지 못했다. 선천성 시각 장애 때문이다. 자신의 미술품을 보는 것이 평생의 소원이다. 당시 안구 이식은 어려운 수술이고 성공해도 약 11시간밖에 빛을 볼 수 없다. 그녀는 의사와 안구 기증자를 매수해서 이식 수술을 강행했다. 수술로 눈을 뜬 그녀는 샹들리에 불빛을 잠깐 보지만 순식간에 세상은 암흑으로 바뀐다. 뉴욕은 등화관제 훈련을 하고 있었기 때문이다. 잠들었던 그녀가 다시 눈을 뜨자 해가 뜨고 있었다. 11시간이 끝나가는 마지막 순간에 길을 나서지만 추락해 죽는다. 포르투갈 작가 주제 사라마구의 소설 《눈먼 자들의 도시》도 보자. 거의 모든 시민이 원인을 알 수 없는 이유로 전염병에 걸리듯 시력을 잃는 이야기다. 이 작품은 사악한 인간성과 붕괴된 사회의 모습을 그렸다. 몸이 100냥이면 눈은 90냥이다. 시각을 잃는 것은 생존에 치명적인 위험을 가져오고 삶을 나락으로 떨어뜨린다. 생각만 해도 두렵다.

  시각은 세상을 살아가기 위해 가장 필요하고 효과적인 인터페이스다. 시각이 있기에 위험을 피할 수 있고 생존 활동을 할 수 있다. 인간의 창의도 시각을 중심으로 발전했다. 자동차, 개인용 컴퓨터, 스마트폰과 동영상 등 각종 서비스 공급은 고객의 시각을 전제로 했다. 시각에 청각 등 감각을 함께 이용할 수 있도록 제공해 시너지를 높였다. 음식은 인간이 시각과 후각을 통해 접하고 미각을 통해 즐긴다. 음식을 먹는 동영상을 보여주는 '먹방'은 미각을 시각으로 전환해서 즐긴다.

시각을 넘어 청각, 후각, 촉각 등 다양한 감각을 복합적으로 결합하는 창의가 중요하다. 음식을 손으로 집어 먹는 문화를 어떻게 생각하는가? 원시적이고 불결한가? 아니다. 손으로 음식을 느끼는 촉각은 또 다른 즐거움을 준다. 음식은 촉각으로 느끼는 무언가를 더하는 방향으로 발전할 수 있다. 앨런 머스크가 개발한 '뉴럴링크'는 어떨까? 사지마비 환자가 뇌에 부착한 칩으로 뇌파를 이용해 시각, 청각, 촉각을 대신하거나 증폭하는 활동을 할 수 있다. 고령층 또는 중증 장애인에 대한 복지를 넘어 인류사적 의미가 있는 인간 친화적 기술이다.

감각에 관한 창의의 발전은 크게 두 방향이다. 첫째, 과학기술을 통해 잃어가는 감각을 일깨워 지원하고 증폭하는 것이다. 인간의 감각이 강하고 다양할수록 삶은 역동적이다. 일반인뿐만 아니라 고령 또는 장애가 있어도 세상과 효과적인 관계를 유지할 수 있다. 자본주의 시장은 인간의 감각이 잘 작동하는 것에 비례해 성장한다. 둘째, 시각 중심에서 벗어나 다양한 감각을 찾고 합쳐 창의를 높여야 한다.

과거 TV 프로그램 중 안대를 눈에 두르고 투명한 유리상자 속에 손을 넣어 그 안의 물건을 만져 알아맞히는 게임이 있었다. 추억이 담긴 장난감, 신발 등 다양한 것을 만질 때의 감각을 기억한다. 사랑했던 가족의 숨결, 따뜻한 몸, 함께 했던 곳 등 느낌은 어떨까? 추억이 깃든 냄새는 또 어떤가? 고향의 산, 들, 논, 밭의 나무, 꽃, 곡물 냄새와 집에서 아침, 저녁으로 흐르는 사람, 음식 냄새다. 그런 감각에 호소할 서비스를 만드는 것도 나쁘지 않다. 한때 4D 영화관이 유행한 적이 있다. 영화 콘텐츠에 맞게 바람이 나오고, 의자가 흔들리고, 향기가 난다. 시각 외에 청각, 후각, 미각, 촉각 등 감각을 결합해 연결하고 완전히 새로운 감각을 찾아야 한다.

창의는 말초 감각에만 의존하거나 충족하는 것에 그쳐서는 안 된다. 시각 중심에서도 벗어나 다양한 감각을 창조해야 한다. 마음 속 깊은 곳을 울리는 느낌 또는 심각을 건드리는 창의만이 미래에 살아남는다. 황당함 역시 무시할 수 없다.

작가 아서 클라크는 1930년대부터 수많은 공상과학소설을 집필했다. 《2001 스페이스 오디세이》, 《낙원의 샘》, 《유년기의 끝》

이 대표작이다. 그의 과학 3원칙을 보자. 탁월한 과학자가 가능하다고 하면 옳은 말이고 불가능하다고 하면 틀린 말이다. 어떤 일이 가능한지 아는 유일한 방법은 불가능에 도전하는 것이다. 충분히 발전한 과학기술은 마법과 구별되지 않는다. 재미있다. 작품에 등장하는 이야기는 통신위성, 인터넷, 우주정거장, 핵추진 우주선 개발에 영감을 주었다. 그 시대의 독자들에게는 황당한 이야기가 아니었을까. 행동이나 말이 이해되지 않고 터무니없으면 황당한 것이다. 황당함은 나쁜 걸까? 기성세대의 관습과 틀에 갇혀 오랫동안 버림받은 것은 아닐까?

사람은 피로 회복과 노폐물 제거를 위해 잠을 잔다. REM 수면 상태에서 꿈을 꾼다. 꿈에서는 비상식적이고 황당한 일이 일어난다. 개꿈이라고 폄하한다. 왜 그런 꿈을 꿀까? REM 수면 중에는 논리적인 사고와 의사 결정을 담당하는 전전두엽이 휴식을 취하기 때문이다. 그 대신 충분한 REM 수면은 학습, 기억, 저장, 창의력 증진에 도움을 준다. REM 수면 상태에서 잠을 깨면 꿈을 기억할 수 있다. 폴 매카트니는 1964년 꿈에서 현악 앙상블을 들었는데, 멜로디가 아름다웠다. 깨자마자 연주했고, 가사를 붙여 노래를 완성했다. 비틀즈의 히트곡 〈Yesterday〉가 탄생하는 순간이다. 화학자 케쿨레는 뱀이 꼬리를 물고 빙글빙글 회전하는 꿈을 꾸었다. 거기서 벤젠의 분자구조가 육각형 형태의 고리라는 힌트를 찾았다. 꿈속의 황당함을 놓치지 않고 자신의 분야에서 창의로 연결했다.

 토머스 에디슨은 주의가 산만하고 수업을 따라가지 못해 학교에서 포기한 학생이었다. 병아리를 부화하기 위해 밤새 달걀을 품는 등 황당한 짓만 골라했다. 당시 학교 공동체가 품을 수 없는 행동이지만, 축음기, 백열전구 발명 등 번득이는 창의가 그 황당함 속에 숨어 있었다. 일론 머스크를 보라. 우주여행, 전기차 등을 꿈꾸던 그의 아이디어는 에디슨 못지않게 황당하다. 우리나라에서 태어났다면 바보로 생을 마쳤을 것이다.

 영국의 현대미술 작가를 보자. 데미안 허스트는 죽은 상어를 수족관에 넣고 〈회복할 수 없는 죽음의 물리적 불가능성〉이라는 제목으로 출품했다. 트레이시 에민은 남자친구와 잠자리를 가졌던 침실의 침대, 속옷, 콘돔 등 너저분한 소품을 있는 그대로 가져와 전시했다. 캠핑용 텐트의 안과 밖에 자신과 관계했던 남자들의 이름을 적어 출품했다. 황당함을 넘어 미친 짓이다. 미술계에 존재하는 최악의 혹평을 들었다. 그러나 미술 마케터 찰스 사치는 그 황당함의 가능성을 놓치지 않았다. 제작 지원, 작품 구입, 전시회 개최, 언론 홍보 등 물심양면으로 도왔다. 미국 주도의 미술계에 영국을 대표하는 현대미술이 필요했던 정부의 지원도 한몫했다. 그들은 현대미술계에서 최고 작가 반열에 올랐다.

 자유시장경제에는 법과 규제가 많다. 기발한 아이디어를 막는다. 기업도 조직이 정비되고 절차가 갖춰지면 황당한 아이디어가 나오기 어렵다. 눈총을 받기 싫어 아이디어를 내지 않는다. 아이디어가 나와도 회의와 결재 과정에서 걸러진다. 세상에 나올 기회가 없다.

모두가 동의하는 아이디어에는 창의가 없다. 거침없이 의견을 개진하는 문화를 만들어야 한다. 당신이 2000년 이전 시대에 살고 있다고 생각해보라. 스마트폰에 관한 아이디어를 들으면 황당할 수밖에 없다. 황당함은 새로운 것이기에 낯설고 어색하다. 어색함을 용납하고 황당한 말과 행동을 곰곰이 되짚어 창의의 가능성을 찾아야 한다. 황당함을 창의로 다듬는 방법과 기술을 끊임없이 고민해야 한다. 그것만이 자원 부족 국가를 창의 풍요 국가로 만드는 길이다.

본질에서 시작하라

왜 사는가? 행복, 사랑, 명예, 돈이 삶의 목적인가? 좋은 말이지만 타인과 나를 구별하는 특별함이 없다. 나는 '기술과 현실을 인문학으로 연결해 통찰과 아이디어를 삶에 전달하는 사람'이고 싶다. 인류가 AI를 거부하면 당장은 조금 불편할 수는 있어도 사는 데 아무런 문제없다. 그러나 산업과 시장이 오래 정체되면 이야기는 달라진다. 자본주의와 기업은 성장하지 않으면 갈등과 분쟁이 격화된다.

성장 페달을 계속 돌리려면 AI가 필요하다. AI는 모든 분야에 도입할 수 있어 파급효과가 크다. 금융시장에서 AI 기업가치가 오르고 투자가 늘었다. 그러나 실물시장에서 실제 수익을 내는 것은 AI 반도체, 부품, 소프트웨어, 장비 공급 업체에 그친다. AI가

인력 대체, 비용 절감에 매몰되면 안 된다. 검색, 업무, 창작 등 서비스에서 큰 수익을 내지 못하면 미래가 없다.

AI 기업은 교수, 언론, OTT와 광고를 통해 사람들이 AI에 쉽게 스며들게 한다. 제비가 낮게 날면 비가 온다고 했다. 비 소식을 알려 사람에게 대비할 기회를 주려는 것일까? 아니다. 곤충은 습기가 많으면 날개가 무거워 낮게 난다. 제비도 곤충을 잡으려면 낮게 날 수밖에 없다. 자본주의와 기업도 마찬가지다. 세상보다 자신의 생존을 위해 움직인다. 기존 기술로는 더는 먹을 것이 없다. 살려면 새로운 먹이를 찾아야 한다. 그것이 AI이고, 이를 아는 것이 통찰이다.

AI는 많은 혜택을 주지만 장밋빛 미래만 있지는 않다. 생명과 신체의 위험도 크다. 기존 기술의 위험과 왜 다른지 주목해야 한다. 철학, 경제, 사회, 문학, 예술을 함께 연구해야 AI 위험을 이해하고 해결책을 찾을 수 있다. 거기서 아이디어가 나온다. 이런 과정과 결과가 나의 삶을 만든다.

AI 기업의 삶의 목적은 어떠해야 할까? 기업의 존재 이유이고 영혼이다. 돈벌이에 그쳐서는 안 된다. 공동체에 도움이 되어야 한다. 정체를 명확히 하고 임직원과 고객에게 각인시켜야 한다. 흔하지 않은 일이지만, 의류업체 L사 매장의 윈도우에서 목적과 비전을 적은 글을 보았다. 목적은 '고객이 신체적·정신적으로 최고 상태에서 잠재력을 발휘' 하는 것이다. 고객이 의류를 입고 몸과 마음이 최고에 달하면 편안함을 넘어 자존감, 자신감, 생산성이 높아진다. 고가의 제품일수록 뿌듯하다. 값을 낮출 필요가 없고 올릴수록 잘 팔린다.

 L사의 비전은 무엇일까? 건강한 삶을 누릴 제품과 경험을 창조한다. 그것을 공유하는 커뮤니티를 만든다. 함께 어려움을 극복하며 같이 성장한다. 건강을 매개로 헬스케어로 확장할 수 있다. 메타버스 등 가상공간의 아바타, 가상인간이 입는 '옷감 없는' 의류도 충분히 만들 수 있다. 의류는 몸을 가리기 위한 수단에 그치지 않는다. 고객이 내보이고 싶은 자아를 드러내는 적극적인 장치가 된다.

 기업이 자사의 핵심 목적을 단단히 키워나가면 고객의 신뢰는 더욱 커진다. 기업의 핵심 목적과 가치는 손실을 보거나 핍박을 당해도 지켜내야 한다. 창의를 더해 더 높은 단계로 끊임없이 올라야 한다. 눈에 잘 띄고 각인되어 임직원, 고객 누구나 알 수 있어야 한다. 국가, 제3자 등 누군가 부당한 이유로 핵심 목적과 가치를 위협한다면 어떻게 해야 할까? 회사 문을 닫을 각오로 지켜야 한다. 기업이 핵심 목적과 가치를 명확히 하면 나쁜 짓을 하고 싶어도 할 수 없다.

 누구나 하는 윤리 기준과 ESG를 강조하기보다 기업 각자의 핵심 목적, 가치와 비전을 세우는 것이 중요하다. 기업이 '나는 누구인가?', '왜 사는가?' 라는 존재 이유를 집요하게 묻고 확립해 내보이는 것이야말로 창의를 위한 출발 신호다.

  혹시 막걸리를 좋아하는가? 생막걸리는 유산균이 살아 있다. 마트에 진열된 후에도 발효를 거듭해 탄산이 부풀어 오른다. 플라스틱으로 병을 만들고 뚜껑에는 미세한 구멍을 내고 흘러나오지 않게 세워 보관한다.

  막걸리를 뿌옇게 하는 '지게미'에는 유산균, 아미노산, 식이섬유 등 영양이 풍부한데, 병 아래쪽에 쌓인다. 흔들어 섞은 뒤 병뚜껑을 따면 탄산이 솟구쳐 낭패를 본다. 한 가지 방법은 섞지 않고 뚜껑을 열어 탄산을 내보낸 뒤 다시 닫고 섞는다. 섞은 뒤 병을 가로로 눕혀 서너 번 굴리기도 한다. 섞은 뒤 뚜껑을 숟가락으로 서너 번 때리거나, 섞은 뒤 병의 몸통을 몇 초간 꾹 누르는 방법도 있다. 윗부분의 맑은 술을 조금 마신 뒤 뚜껑을 닫고 섞어 마시는 것이 가장 안전하다. 섞은 뒤 병의 몸통을 감싼 비닐을 떼어내는 것은 어떨까? 허리띠를 풀 듯 병이 부풀어 공간이 생긴다. 비닐을 미리 떼면 분리수거가 쉬워 ESG 환경보호에 적합하다. 재미있지만 병뚜껑 따는 예능을 위해 막걸리를 마시지는 않는다. 막걸리 자체가 맛있어야 한다. 지친 삶을 위로하는 건강한 음주, 그것이 막걸리 업의 본질이다.

  디지털이 대세이지만 좋은 상품 없이 첨단기술만으로 성장하기는 어렵다. 상품을 구입하면 대금을 결제한다. 지폐, 동전, 신용카드, 모바일 페이가 결제 수단이다. 식당에서는 인건비 절감과 신속한 주문, 결제를 위해 식탁 위에 '패드'가 설치되고 있다. 마트에서는 물건을 구입하고 셀프 계산대에서 바코드를 찍어 결제한다. 편의점, 아이스크림, 사진관 등 무인 매장도 증가한다. 미국 '아마존고'는 오프라인 매장에서 'Just walk out' 시스템을 갖추고 있다. 등록된 손바닥 정보 등으로 인증한다. 상품을 선택해 들고 그냥 나오면 결제된다. 성과는 아직 낮다. 특유의 상품이 없고 값도 싸지 않기 때문이다. 신선 상품을 판매하는 '아마존 프레시'는 AI를 활용하고 '아마존 프라임' 고객에게 할인한다. 성과는 크지 않다. 최저가 상품을 파는 오프라인, 온라인 경쟁 업체를 이길 수 없다. 지금은 오프라인 업체 '홀푸드 마켓'을 인수해 시너지를 높이고 있다. 그렇다. 아직까지는 상품 자체의 품질과 경쟁력이 중요하다. 주문, 결제 등 신기하고 편리한 디지털 기술은 호기심에 그친다.

우리는 빵 봉지 안에 있는 스티커를 구하려고 먹지도 않는 빵을 산다. 막걸리 병뚜껑 따는 재미를 위해 막걸리를 살 수 있다. 골프를 하지 않고 사진을 찍기 위해 골프장에 간다. 백화점 VIP 멤버십을 유지하기 위해 불필요한 소비를 한다. 상류층이거나 그렇게 보이려고 고가의 명품을 산다. 고가의 아파트 단지는 주거를 넘어 그들만의 커뮤니티를 제공한다. 커피 맛보다 리버뷰를 즐기러 근교 강변 카페를 찾는다. 빵을 사기 위해 몇 시간씩 기차를 타고 '빵지순례'를 한다. 빵이 맛있다는 이유로 가기에는 지나치게 멀다. 평점 높은 식당 앞에는 기다리는 줄이 길다. 빵, 음식보다 기대감에서 즐거움을 찾는다. 자기가 아끼는 가상공간 아바타를 위해 온라인에서만 사용하는 명품 의류, 가방을 사주고 자랑한다.

미래는 상품 자체의 기능과 역할을 뛰어넘어 잊지 못할 경험을 팔고 사는 시대가 되지 않을까. 애플 창업자 스티브 잡스가 아이폰의 품질에 더해 디자인에 집착한 이유를 잊지 말자. 좋은 상품을 만들었다고 잘 팔리는 때는 지났다. 과거 업의 본질에 갇혀 있어서는 안 된다.

종전 사업을 그대로 두고 껍데기에 기술을 덧댄다고 시장이 반기지는 않는다. 그러나 그 껍데기가 지독하게 매력적이면 이야기가 다르다. 짜릿한 경험만큼 뛰어난 상품은 없다. 진화하는 시장에서 지속적으로 새로운 수요를 만드는 것이 창의다. 업의 본질을 지키되 끊임없는 창의로 고객의 감각, 경험을 놀랍도록 높여야 한다. 그것이 디지털 시대의 장인정신으로, 그 누구도 아닌 '나'를 선언하면 창의가 출발한다. 다시 강조하지만, '나는 누구인가?', '왜 사는가?'라는 존재 이유를 집요하게 묻고 확립해 내보이는 것이야말로 창의를 위한 출발 신호이며, 이것이 업의 본질이다. 그리고 이것이 창의가 혁신이 되는 길이다.

조선백자가 품은
소버린 AI

〈마징가제트〉는 1970년대에 누구나 좋아했던 만화영화다. 언젠가 한일 축구대항전에서 우리 응원단이 〈마징가제트〉의 주제가를 불렀다. "기운 센 천하장사 무쇠로 만든 주먹, 인조인간 로보트 마징가 제트"로 시작되는 바로 그 노래다. 일본 응원단에서는 충격을 받았는지 정적이 흐르더니 곧바로 유창한 일본 말로 〈마징가제트〉 주제가를 따라 부르기 시작했다. 그렇다. 〈마징가제트〉는 일본 문화를 배척하던 시절에 미국 등을 경유해 들어온 일본 만화영화였다. 일본을 이기자고 부른 응원가가 그들의 만화영화 주제가였으니 부끄러움은 이루 말할 수 없었다.

우리는 〈마징가제트〉에 버금가는 한국형 로봇 만화영화 〈로봇 태권브이〉를 내놓았고 대성공을 거두었다. 그러나 로봇 태권브이의 외모와 작동 방식이 마징가제트와 비슷하다는 표절 의혹이 일었다. 법원은 마징가제트의 영향을 받았지만 그래도 외관상 차이가 있고 한국의 태권도 문화를 바탕으로 했기에 전혀 다른 저작물이라고 판단했다. 그러나 끝내 내칠 수 없는 찜찜함은 우리 가슴에 남아 있다.

외국이 만든 AI 반도체, 소프트웨어, 장비와 생성형 AI에 전적으로 의존하면 경제 종속을 넘어 한국의 정체성을 잃을 수 있다. 그래서 우리 정부는 '소버린 AI'를 실현하겠다고 한다. 세계 3대 AI 강국을 목표로 100조 원을 투자한다. 100조 원이라는 숫자는 이제까지 그래왔듯 어떻게든 맞출 수 있다. 하지만 투자의 실질 성과는 어떻게 만들 생각일까? 마징가제트와 비슷한 로봇 태권브이를 만든 것처럼 챗GPT, 딥시크 등 외국의 생성형 AI 모델을 답습해 한국적 색깔을 두툼하게 입히면 될까? 남들과 같은 시장을 찾던 산업화 시대에서 벗어나, 디지털 시대에는 온라인으로 연결된 세계가 하나의 시장이 되어 싸운다. 모방만 하다간 성과를 낼 수 없다.

소버린 AI는 도대체 무엇일까? 국가의 정치 형태와 구조, 의사 결정에 대한 최종 권한이 주권이다. 주권이 국민에게 있는 것이 국민주권이다. 헌법은 국민이 신체의 자유, 표현의 자유, 공직 선거권 등 다양한 자유와 권리를 행사할 수 있게 보장함으로써 국민

주권을 지킨다. AI는 우리가 미래 경제와 시장을 만들어 생존하고 도약하기 위한 필수 기술이다. 국가의 유지에 없어서는 안 될 AI 제품과 서비스를 국가가 직접 공급하거나 조달하는 능력을 갖춰야 한다. 외국의 AI 제품과 서비스에 구조적으로 의존하는 상황을 만들면 안 된다. 국내에서도 특정 집단이 AI를 독점하게 내버려둘 수 없다. AI 공급 및 조달 능력을 지속적으로 확보하고 증진하기 위해 공공과 민간의 역량을 끊임없이 강화해야 한다. 그것이 소버린 AI다.

외국이 앞서가는 생성형 AI 등 선진 AI 모델을 답습하면 소버린 AI를 달성할 수 있을까? 시장이 국가별로 나눠진 곳이 있다면 그런 전략이 가능하다. 그러나 인터넷으로 연결되어 하나의 시장에서 모두가 경쟁하는 요즘에는 희망을 품을 전략이 아니다. 우리의 장점을 찾아 글로벌 AI 생태계에서 무시할 수 없는 위치를 점하는 것이 우선이다.

어떻게 하면 좋을까? 그 옛날 선조의 열정이 담긴 조선백자에서 소버린 AI의 성공 가능성을 찾고 배우면 어떨까. 고려시대 말기에는 귀족의 수탈과 외적의 침략으로 고려청자 등 도자기에 대한 체계적인 품질관리가 어려웠다. 신흥 무인세력과 사대부가 등장하면서 조선을 건국했고 귀족의 화려함보다 선비의 검소함이 강조되었다. 선비의 청렴함, 순수함, 넉넉함, 간결함, 꼿꼿함, 온화함, 진실함을 드러내기에 청자보다 백자가 제격이었다. 백자 제작을 위해 장인을 발굴해 적극적으로 우대했다. 우리의 기후와 지형에 적합한 터를 찾아 가마를 만들었다. 가마 온도를 높이고 열을 유지하는 기술을 개발했다. 중국 기술에서 시작했어도 허겁지겁 따라가지 않고 우리를 드러내는 백자를 만들었다. 왕과 조정에서 백자 사용을 솔선수범하는 등 공공에서 수요를 창출하고 민간으로 확대했다. 소버린 AI도 당연히 그래야 하지 않을까.

조선백자는 어떻게 성공했을까? 조선 초기에는 분청사기가 유행했다. 청자를 만들던 흙으로 그릇을 만든 뒤에 하얀 흙과 유약을 발라 굽는다. 도자기 겉면에 상감, 인화, 귀얄 등 다양한 기법으로 꽃, 물고기 등 무늬를 입혀 다채롭게 했다. 그러나 새로운 왕조인 조선을 대변하기에는 역부족이었다. 세종은 왕실의 금, 은, 금속 그릇을 백자로 대체했다. 그릇 바닥에 제작자 이름을 기록해 장인의 자존감을 높였다. 왕은 백자를 사용한다고 공식 선언했다. 백자가 가진 극한의 하얀 색은 왕, 신하와 백성을 하나로 만들었다. 백자의 인기가 높아지고 품질도 좋아졌다. 명나라가 조선에 백자를 보내줄 것을 요구할 정도였다.

백자는 청자보다 고온에서 구워야 뭉개짐을 막고 단단함을 유지한다. 가마의 온도를 높이고 열을 고르게 유지해야 한다. 가마 천장 또는 옆에 출입구를 만들어 땔감을 넣었다. 가마 안에도 기둥을 설치하고 방을 만들었다. 경사진 언덕에 굴 모양으로 가마를 만들었다. 아궁이에 땔감을 넣어 불을 지피면 경사를 타고 열이 위로 올라가며 그릇을 굽고 맨 뒤 굴뚝으로 연기를 내보낸다. 중국이 화려한 채색의 도자기 생산에 열을 올릴 때 우리는 최고의 기술로 순백의 탄탄한 백자 생산에 집중했다. 단순함, 고고함, 탄탄함으로 고품격의 감동을 주는 극한의 '미니멀리즘'이 탄생한 순간이다.

조선 후기에는 푸른색의 청화 안료를 수입해 산수화 등 무늬를 입힌 백자가 주류를 이룬다. 청화 안료의 수입이 어려워지면 철, 구리 등 국산 안료를 개발했다. 고급 안료가 부족하면 도자기를 도화지 삼아 아름다운 그림을 입혀 새로운 가치를 창출했다. 정부에 소속된 화가들이 나서 선비가 좋아하는 매화, 난, 국화, 대나무 등을 수놓거나 산수화, 한시를 도자기에 새겼다. 국가가 안정된 영조 이후 백자의 전성기를 이루었다.

백자 중의 압권은 둥그런 모양에 높이 45센티미터 내외의 백자 '달항아리'다. 해외 크리스티 등 경매에서 약 40억 원 내지 60억 원에 낙찰되고 있다. 우리나라에서는 국보 3개, 보물 4개가 지정되어 있다. 뭉개짐을 막기 위해 2개의 반원을 따로 만들어 붙인 뒤에 가마에서 굽는다. 18세기에 조선에서만 100년간 제작했는데, 이유와 용도를 모른다. 그중 국보 309호 달항아리는 보는 각도에 따라 원의 모양이 다르고 얼룩덜룩한 무늬가 자연스럽게 배어 있다. 2007년 성분 조사에서 오동나무 기름과 같은 패턴이 확인되어 고급기름을 보관하는 데 사용했을 것으로 추측한다. 오랫동안 쓰임을 당해 검버섯처럼 얼룩이 배였지만 고고한 자태와 빛깔을 잃지 않았다. 순백의 매끈한 아름다움도 좋지만, 살짝 이지러지고 얼룩이 묻은 것이 더욱 애틋하다. 손잡이가 없다 보니 사람이 온 몸으로 안고 살아 정이 들어 그럴지 모른다. 그런 것이야말로 뛰어난 작품성이 아닐까.

 달을 보듯 물을 보듯 달항아리를 보며 멍하게 있는 시간이 마냥 좋다. 김환기, 최영욱 등 많은 작가들이 달항아리를 모티브로 작품 활동을 했다. 건축가 데이비드 치퍼필드가 아모레퍼시픽 용산 사옥을 설계할 때 모티브를 주기도 했다.

 서구의 생성형 AI와 그래픽처리장치(GPU)에 목을 매는 현 시점에서 곰곰이 생각해보자. 무엇이 중한가? 서구가 만든 게임의 틀과 룰에 종속되지 말자. 조선이 백자를 만들고 가치를 더했던 것처럼 AI 혁신이나 소버린 AI도 마찬가지다. 우리의 가치체계와 원칙을 바탕으로 기술개발, 품질 증대와 시장 창출에 나서야 한다. 서구 AI에 대한 단순 모방은 불필요한 중복이 되기 쉽고 국민의 세금을 낭비할 뿐이다. 조선, 방산, 반도체, 통신, 콘텐츠, 장비 등 우리의 장점과 AI를 연결해 글로벌 AI 생태계에서 핵심 축과 연결고리로 만들어 깊이 뿌리내려야 한다. 그것만이 글로벌 무대에서 대한민국의 AI 주권을 지키는 길이다.

일론 머스크와 기업가정신

조선시대 상인 임상옥은 외교사절을 따라 청나라에 인삼을 팔러 갔다. 청나라 상인들은 인삼 경작, 운송 등 소요비용을 예측해 최저가격 아니면 사지 않기로 담합했다. 임상옥은 귀국 전날 팔리지 않는 인삼을 모아 불을 질렀다. 청나라 상인들이 깜짝 놀라 말렸지만 막무가내였다. 가격은 치솟았고 그제야 불을 껐다. 그의 무모함이 성공한 이유는 무엇일까? 인삼은 대체 불가 최고 상품이다. 담합을 미리 파악한 정보력과 분석력이 있었다. 일부 상인을 매수해 인삼을 태울 때 가격을 올리는 등 담합을 깨는 역할을 맡기지 않았을까. '인삼 불태우기'라는 극단적인 행위예술을 통해 청나라 상인들의 전략을 와해시켰다.

임상옥의 기괴함을 스티브 잡스, 제프 베이조스, 일론 머스크,

젠슨 황에게서 본다. 발음도 어려운 바다 건너 기업가의 이름을 외치며 칭송한다. 우리나라에는 왜 그런 기업가가 없는가? 회사를 세운다고 기업가가 되는 것은 아니다. 기업가정신을 가져야 한다. 사고와 행동을 쉽게 예측할 수 없다. 숨어 있거나 존재하지 않는 경제 자원을 발견하거나 발명한다. 생산성과 생산량이 높은 곳으로 경제 자원을 옮긴다. 기존 시스템에서 처리하지 못하는 일을 해결한다. 전형적인 시장에서 비전형적인 가치를 찾아내 결단하고 실행한다. 불확실한 상황을 즐기고 기회를 찾아 정상적인 시장을 무너뜨린다. 창의와 혁신을 일으키고 수익과 가치를 창출하는 역동적 과정을 주도하고 시스템을 움직인다. 예측 불허의 행동을 통해 당연함을 넘어 가치 있는 변화를 창출한다.

  우리는 어떤가? 기업가정신이 죽고 있다. 과거 고도성장기에는 건설, 중화학, 철강, 자동차, 통신 등 새로 할 일이 많았다. 법령은 느슨했고, 정치는 경제에 양보했다. 지금은 민주화에 따라 법령과 규제가 정비되고 많아졌다. 규제를 뛰어넘는 상품을 만들지 못한다. 주주, 직원, 고객, 시민 등 이해관계자가 기업에 강한 책임을 요구한다. 기업가정신은 위축되고 유리천장에 갇히고 말았다. 뭔가 새로운 아이디어가 떠올라도 즉시 실행하지 못한다. 법률 리스크가 있을까 두렵다. 정부가 진흥책과 법령을 쏟아내며 예산을 투입하지만 창의와 혁신의 불쏘시개가 되지 못하고 있다.

현대에는 기업가정신도 달라야 한다. 도전, 근면, 성실은 기업가정신의 고전이지만 그것만으로 이룰 것은 없다. 합리성의 함정에서 벗어나야 한다. 합리성은 지식과 논리, 경험에 의한 규칙에 따른다. 그러나 새로움은 과거의 규칙에서 나오지 않는다. 양자역학은 원자 단계에서 기존의 물리학을 부정했기에 가능했다. 비합리성에서 가치를 찾아야 한다. 뜬금없고 황당함에서 창의가 나온다. 효율성도 다시 보자. 투입 대비 산출의 능률을 따지고 목표를 달성했는지 효과를 따진다.

자본과 기술은 사람보다 효율적이지만, 그것을 어떻게 배치할지 정하는 것은 사람이다. 효율성의 이름으로 빈틈을 없애면 그 속에서 자라야 할 사람의 창의와 혁신이 죽는다. 농업을 발전시킨 것은 농사를 짓는 사람보다 농기구와 농업기술을 개발한 잉여인력이다. 토머스 에디슨은 달걀을 품어 부화시키는 비효율적인 짓을 했지만 그 시공간에서 발명가의 싹이 자랐다. 정상적 에너지를 써서는 정상적 결과만 나온다. 기발하고 독창적이려면 규칙과 관념이 정한 경계를 넘어 비정상적 에너지를 써야 한다. 그래야 법령과 규제를 뛰어넘는 탁월한 상품이 나온다.

중국 전국시대 상인 여불위는 물건값이 나라별, 계절별로 다른 점에 착안했다. 싼값에 사들이고 비싼 값에 팔아 재산을 불렸다. 사마천의 《사기》는 그의 사업을 그렇게만 기록했다. 전쟁이 끊이지 않던 그 시절, 그의 꿈은 무엇일까? 상상해보자. 국경을 넘을 때마다 통행세, 관세를 냈다. 나라별로 무게, 길이를 재는 단위와 화폐가 달랐다. 마차 규격도 달라 국경을 넘을 때 바퀴를 바꿔 끼웠다. 북쪽 흉노는 빈번하게 침입해 위험한 고비가 많았다. 마음 놓고 장사할 수 없는 시대다. 강력하고 안전한 통일국가를 만들어 시장규제를 완화하고 싶지 않았을까? 진나라 왕위 계승 서열이 한참 낮은 왕족 '자초'를 찾아냈다. 거금을 투자하고 교육해 인재로 만들고 로비를 통해 왕위에 오르게 했다. 그러나 왕은 곧 죽고 어린 아들 정(훗날 진시황)이 왕이 되었다. 여불위는 정치인으로 변절해 현실에 안주했으며 권력을 남용했다. 장성한 왕은 그의 죄악을 파헤치고 질책하는 편지를 보냈다. 궁지에 몰린 그는 자살로 생을 마감했다. 그의 옛꿈은 진시황의 중국 통일로 실현되었다.

2,500년 전 진나라의 왕위를 세울 때 여불위가 큰 공을 세웠다면, 2024년 미국 대통령선거에서는 기업가 일론 머스크다. 공화당 후보 도널드 트럼프를 지지하며 행동에 나섰고 약 2천억 원을 선거자금으로 썼다. 접전이 벌어지는 주의 주민 중 지지자를 매일 한 명씩 추첨해 약 14억 원씩 지급했다. 당선된 트럼프는 감격해 그를 정부효율부 장관으로 발탁했다.

일론 머스크는 합리성과 효율성의 함정을 벗어나 황당함, 특이함, 상상력으로 불가능한 미래를 현실로 만들었다. 첫 사업 기회를 인터넷에서 포착했다. 웹 소프트웨어업체 짚2를 세워 지역 정보를 공급하는 플랫폼을 만들었다. 온라인 금융의 가능성을 알아보고 전자결제업체 페이팔을 창업했다. 화성 등 행성으로 자유롭게 여행하자며 로켓과 우주선 사업을 하는 스페이스X를 설립했다. 민간 최초로 우주에 사람을 보냈다. 최근에는 발사한 로켓 추진체를 버리지 않고 재활용하는 기술을 선보였다. 화석연료에 의존하지 않는 전기자동차업체 테슬라에 투자했고 최고경영자가 되었다. 태양에너지를 활용하기 위해 솔라시티를 설립했다. 소셜미디어 업체 트위터를 인수했다. 뉴럴링크를 통해 뇌와 컴퓨터를 연결했다. 보링 컴퍼니를 설립해 소형 굴착기로 터널을 뚫어 빠른 교통과 운송 시스템을 만들었다. 암호화폐 도지코인의 열렬한 지지자다. 놀랍지 않은가.

과거에 그는 스페이스X 등 추진 사업에 정부 규제가 많아 어려움을 겪었다. 오바마 이후 민주당을 지지했으나 실망했다. 기업 규제가 많았다. 기술 규제도 많았다. 민주당 정부는 국방 기술 분야에 외국인 취업을 금지하면서 외국인 난민은 취업시키라고 하는 등 모순된 규제도 했다. 공화당 트럼프 지지로 돌아선 핵심 사유다. 그는 법치주의를 빙자해 자행되는 각종 규제에 저항했다. 정치세력, 기득권과 충돌했고 법정 투쟁도 불사했지만 원하는 결과를 얻지 못했다. 기업가는 시장, 고객을 넘어 주주, 시민 등 이해관계자와 규제 권한을 가진 국가, 정치집단을 설득해야 한다.

그런데 쉽지 않다. 그는 이제 정치 한복판에 뛰어들어 직접 해결책을 찾으려 한다. 그의 선택은 바람직한 결과로 이어질까?

그는 무엇을 하고 싶을까? 정부 기관 축소 등 구조조정에 나서고 재정적자를 대폭 줄인다. 탁상공론, 형식과 절차에 매몰되어 자신의 안위만 챙기는 관료주의 병폐를 없앤다. 산업과 시장을 가로막는 규제를 대폭 없앤다. 그것뿐일까? 상상을 초월하는 조치가 기대된다. 쉽지만은 않다. 공공과 민간은 다르고 갈등도 예상된다. 정부의 목표는 돈벌이가 아니고 모든 분야에서 국민 삶의 개선과 행복이다. 정부 축소와 규제 완화만으로는 불가능하다. 공과 사를 구분해 옛날 여불위를 넘어야 한다. 그가 세상이 추앙하는 기업가정신과 결과를 창조하길 바란다. 그의 창의적인 시작이 모두의 혁신이 되길 지켜본다.

모두를 위한 시작

김밥 한 줄이
말하는 것

―――――――

 점(點)은 하찮은 존재다. 위치 말곤 가진 것이 없다. 점이 연속되어 위치와 방향을 지니면 선(線)이 된다. 선이 여러 개 모여 평평하게 만든 것은 면(面)이다. 선과 면이 만나 이루는 윤곽선을 따라 형성되는 모양을 형(形)이라고 한다. 그것들을 위로 쌓으면 입체가 된다. 점은 대수롭지 않지만 모든 것의 시작이다.

 우주의 탄생도 다르지 않다. 대다수 과학자들은 빅뱅을 지지한다. 우주는 150억 년 전 하나의 작은 '점'에 불과했다. 태초의 점은 높은 온도와 밀도에서 대폭발을 일으키고 팽창해 시공간과 에너지를 만들어 오늘날 우주가 되었다. 우리가 점을 무시할 수 없는 이유다.

 중국 양나라 시절, 장승요가 금릉(난징)에 있는 안락사 벽에 용

두 마리를 그렸는데 시간이 지나도 눈동자를 그리지 않았나. 사람들은 의아하게 생각하고 다그쳤다. 그가 어쩔 수 없이 붓을 들어 용 한 마리에 '점'을 찍어 눈동자를 그려 넣었다. 그 순간 천둥이 울리고 번개가 치며 용이 벽을 걷어차고 하늘로 올라갔다. 눈동자를 그리지 않은 용만 덩그러니 남아 있었다. 완성 단계에 이르렀을 때도 소홀하지 않고 핵심적이고 의미 있는 일을 함으로써 세상을 깜짝 놀라게 한다. 그것이 '화룡점정'이다. 점은 시작을 넘어 황홀한 마지막을 만든다.

점묘법은 회화에서 선으로 그리던 것을 매우 짧은 터치로 수없이 점을 찍어 사물을 표현하는 기법이다. 조르주 쇠라와 폴 시냐크가 빛을 표현하는 인상주의 기법의 하나로 창안했다. 시안, 마젠타, 옐로, 블랙의 4원색을 이용해 촘촘하게 수많은 점을 찍으면 다양한 색상과 사물을 그려낼 수 있다. 오늘날 문서를 출력할 때 사용하는 프린터의 발명에도 영향을 미쳤다. 텔레비전 화면이나 컴퓨터 모니터 역시 같은 원리다. 레드, 그린, 블루의 3원색만으로 점을 찍어나가며 다양한 색상으로 보이는 화면을 만들어낸다. 점들 사이에 공백이 있다. 여러 종류의 물감을 사용하거나 섞을 필요도 없다. 수많은 점을 찍어 다양한 색상과 느낌을 표현할 수 있다. 수많은 점을 촘촘히 찍는 작업은 예술적 감각 외에 집념과 끈기의 '노동' 작업이 필요하다. 조르주 쇠라의 〈그랑자트 섬의 일요일〉은 그렇게 완성되고 모든 미술교과서에 실렸다.

종이신문은 어떻게 점묘법을 활용했을까? 종이신문에서 삽화, 광고, 사진을 표현하는 데 비용을 감당하기 어려울 정도로 많은 잉크가 필요했다. 잉크를 절약하기 위해 점을 촘촘히 찍는 방식으로 바꿨다. 만화도 마찬가지다. 점묘법을 사용해 똑같은 효과를 내면서도 잉크 비용을 줄였다. 작품 〈행복한 눈물〉로 유명한 화가 로이 리히텐스타인은 점묘법 방식으로 드라마틱한 장면의 만화 그림을 완성해 팝아트 시대를 열었다.

하찮고 같은 점이 반복되지만 어떻게 찍히고 어떻게 연결되고 어떤 색감을 가지는지에 따라 결과물의 차이와 가치는 완전히 달라진다. 디지털 시대의 필수재 반도체도 마찬가지다. 실리콘(규소)을 중심으로 점과 같은 전자가 어떻게 움직이는지에 따라 전류가 흐르고 끊긴다. 그것을 통해 연산 등 정보처리를 하고 데이터를 저장하며 AI까지 만들어낸다.

그렇다. 점은 원형(prototype)이다. 사업도 기술도 원형이 중요하다. 창의의 유전자이고 줄기세포다. 인간이 원하는 그 무엇이든 만들 수 있다. 다양한 기관으로 확장하고 다양한 형태로 진화한다. AI 시대의 경제발전을 위한 창의도 다르지 않다. 핵심적인 원형을 만들고 보존하고 가치를 더할 줄 알아야 한다. 플랫폼도 마찬가지다. 생성형 AI도 마찬가지다. 초저가 비즈니스도 마찬가지다. 기술도 상용 기술 이전에 원천 기술이 중요하고, 이를 위해 창의와 혁신이 절실하다.

미국 뉴욕에서 활동하다가 일본 정신병원에서 발견된 미술가를 아는가? 형형색색의 크고 작은 '물방울무늬' 작품으로 유명한 동시대 세계적 작가 구사마 야요이. 루이비통은 그녀와 두 차례 협업해 주목을 받았다.

1929년생인 그녀의 어린 시절은 부유했지만 행복하지 못했다. 어릴 때부터 정신질환을 앓았으나 그녀의 꿈을 꺾지는 못했다. 미국 작가 조지아 오키프의 작품에 감동을 받고 도와달라는 편지를 보냈다. 조지아 오키프는 그녀를 외면하지 않고 미국 유학 및 미술계 진출에 필요한 조언을 아끼지 않았다. 미국 전시회에 초청받았다고 일본 정부와 부모를 속여 유학 허가를 받았다. 부모와 인연을 끊는 조건으로 학비를 받고 작품 2천 점, 기모노 60벌을 들고 비행기를 탔다.

볼품없는 동양 소녀가 뉴욕 미술계에 어떻게 이름을 알렸을까? 베트남전쟁 중에 대통령 리처드 닉슨에게 공개 구애편지를 썼다. 지구를 자신의 작품 모티브인 '물방울'에 비유하면서 대통령과 자신이 연인이 되어 증오와 갈등에 빠진 '물방울' 지구를 구하자는 내용이다. 뉴욕 증권가에서는 물방울무늬를 맨몸에 칠하고 미국 돈이 전쟁에 쓰이는 것을 반대한다며 누드 퍼포먼스를 벌였다. 물방울무늬 내복만 입고 브룩클린 다리 위의 조형물에 올라갔다. 초청받지 못한 베니스 비엔날레 앞에서 1,500개의 거울 공을 전시하고 개당 2달러에 팔았다. 미술의 상업화를 거부한다고 했다.

부드러운 천을 부풀려 남근을 상징하는 모형 수천 개를 만들어 배 모양으로 전시했다. 앤디 워홀 등 다른 작가가 그녀의 작품을 모방하자 공개적으로 맹공을 퍼부었다. 모르쇠로 일관하던 뉴욕타임스 등 언론은 물방울무늬에 기모노를 입고 좌충우돌하는 그녀를 대서특필했다.

힘들었던 우리 삶을 돌아보자. 그녀처럼 최선을 다했다고 할 수 있을까?

우리 음식 '김밥'이 세계적으로 활로를 찾은 과정도 다르지 않다. 옛날 한국 유학생이 점심시간에 김밥을 내놓았다가 누군가 뱀을 먹고 있다고 신고해 경찰이 출동하는 해프닝이 있었다. 혐오감을 주거나 불결하다고 평가받았다. 최근 해외 상황은 어떤가? 냉동 김밥이 인기를 끌었다. 저렴하고 긴 유통기간, 전자레인지에 넣어 잠깐 돌리면 되는 편리함, 고기를 넣었는지에 따라 채식 또는 육식 선호자 모두를 만족시킨다. 어떤 어린 학생은 점심시간에 김밥을 만드는 과정을 소개하며 먹는 동영상을 공개했고 높은 조회수를 기록했다. 냄새난다고 기피되던 김밥이 'K컬쳐'에 힘입어 글로벌 건강식으로 재조명되고 있다.

김은 파래를 가리키는 말로 단백질, 비타민이 많이 들었다. 콜레스테롤을 체외로 배설해 동맥경화, 고혈압을 예방한다. 신라시대부터 먹기 시작했다. 조선 인조 시절 해변에서 참나무 가지에 김이 붙은 것을 발견하고 양식하기 시작했다. 조미 김은 최고의 수출품이다.

  김밥은 밥을 김으로 감싸 둥글게 말아 잘라낸 음식이다. 재료를 넣고 참기름과 소금, 참깨 등으로 간을 한다. 일본 초밥의 일종인 후토마키(김쌈밥)의 영향을 받았다. 옛날에는 밥이 많은 부분을 차지했지만, 속재료가 다양하고 많아지며 영양을 갖춘 건강식이 되었다. 빨리 만들어 빨리 먹을 수 있고 걷거나 서서 먹을 수 있어 시간을 아낀다. 두터운 김으로 싸여 있어 흘리거나 남기지 않아 낭비가 없다. 반찬이 필요하지 않다. 빈부격차에 관계없이 인기다. 백화점 식당가에도 진출했다. 재료에 따라 멸치김밥, 참치김밥 등 다양한 이름으로 불린다. 충무김밥은 속 재료 없이 밥을 김으로 감싸고 섞박지, 오징어무침과 같이 먹는다. 건강한 김밥은 떡볶이, 라면을 먹을 때 죄책감을 덜기도 한다. 김밥의 성공은 수많은 고급 음식에 맞서 좌충우돌 끊임없이 활로를 찾은 결과다. 그래서 나는 대학 근처를 지날 때마다 고민한다. 그들은 활로를 찾고 있는가? 그곳에 성적표가 있는가, 아니면 창의가 있는가?

  초·중·고등학교는 공동체 일원이 되기 위해 정부가 정한 교과과정 등 지식을 '습득' 하는 교육기관이다. 대학은 다르다. 창의를 바탕으로 연구하고 지식을 '창출' 하는 교육기관이다. 나라가 어려울 때는 자유의 불을 밝히고 정의의 길을 달리고 진리의 샘을 지켰다. 지금은 어떤가? 대부분 시간을 취업활동에 쏟는다. 기성세대가 짜 놓은 미래에 실망하지만 그들을 답습한다. 공동체의 공정이 중요하지만 자신의 이해관계가 먼저다. 모방에 그치고 창의가 없다.

  대학 응원가를 보자. 호소력 짙고 웅장하지만 창의와는 거리가 멀다. 연세대 응원가 〈서시〉는 베토벤의 〈피아노 소나타 8번 비창 3악장〉에 선배 시인 윤동주의 〈서시〉를 가사로 붙였다. 고려대 응원가 〈민족의 아리아〉는 성악가 안드레아 보첼리의 〈멜로드라마〉에 교수를 지냈던 시인 조지훈의 〈호상비문〉을 가사로 썼다. 한양대, 중앙대, 서울대 등 다른 대학도 별반 다르지 않다. 이미 나와 있는 곡과 가사를 결합하는 것도 흥미로운 시도다. 그러나 새롭고 멋진 응원가를 만들 학생이 없단 말인가. 응원가만으로 대학의 창의를 논하는 것은 비약일까? 대학은 모방의 정원일수는 있어도 창의의 상아탑은 아니다.

  특이하고 황당한 아이디어나 상상력을 가진 아이들은 대학에 갈 수 없다. 국가가 짜 놓은 교과과정에 적응하지 못하고 경쟁에 밀려 대학 문턱을 넘지 못한다. 생각 없이 열심히 공부한 아이들만 대학에 갔다. 그러고는 '자유라는 형벌을 선고' 받은 것처럼 대학이라는 시공간을 낭비했다. 지식 습득 능력은 우수했지만 지식 창출 능력은 부족했다. 자유는 빈둥빈둥 노는 것이 아니라 뭘 할지 선택하고 집중하는 것이다. 진리는 학습에 그치지 않고 새로운 지식을 만드는 것이다. 자유와 진리가 없으니 시대를 이끌 창의도 없고 정의도 없다.

옛날 자유, 진리, 정의의 활용법은 군사정권과 기득권의 부당함과 싸우는 것이었다. 지금은 경제를 키우면서 삶을 풍요롭고 공정하게 하는 데 써야 한다. 과거에는 뜨거운 가슴과 논리만으로 충분했지만 지금은 경제적 창의가 중요하다. 창의가 부족한 것은 교수도 마찬가지다. 지식을 전달하고 직장에 취업시키는 데에만 급급했다. 외국의 첨단산업 정책이나 글로벌 기업의 최신 비즈니스 전략을 소개하기 위해 밤을 새워 검색했다. 그들을 따라가자고 목소리만 높였고, 급변하는 환경에서 창의를 기를 능력과 방법을 가르치지 못했다.

물론 과거 경제성장기에는 지식 습득이 중요했다. 국가라는 거대한 공장을 돌리기 위해 적당히 교육받고 말 잘 듣는 인적 자원을 공급해야 했다. 지금은 세상이 인터넷으로 연결된 시대다. 웬만한 지식은 검색하면 알 수 있다. 경제침체기에는 지식 습득에 집중하는 전략이 통하지 않는다. 아무리 좋은 지식이 있어도 시키는 일만 하는 인재라면 무슨 소용인가. 글로벌 경제 전쟁에서 싸울 창의적인 전사가 필요하다. 지식이 부족해도 다르게 생각하고 행동하며 새로운 것을 찾고 도전하는 학생에게 많은 기회를 줘야 한다.

그러나 대학과 교육부는 쉽게 바뀌지 않는다. 우리 사회도 마찬가지다. 월트 디즈니, 빌 게이츠, 스티브 잡스, 마크 저크버그, 샘 올트먼의 공통점은 무엇일까? 대학을 중퇴했으나 새로운 미래를 만들었다. 한국에서 태어났다면 성공했을까? 입에 겨우 풀칠이나 했을 것이다.

기발한 아이디어를 가진 학생이 대학에 갈 수 있어야 한다. 많은 연구와 실험, 시행착오가 불가피하다. 혼자보다는 협력해야 한다. 진심어린 토론과 비판은 필수다. 생물학자 제임스 왓슨과 프랜시스 크릭이 DNA 이중나선 구조를 밝힌 과정을 보라. 노벨상 논문은 6쪽에 불과하지만 교류하고 토론하고 가설을 만들고 증거를 찾는 과정이 있었다. 대학은 지식 습득을 넘어 지식 창출의 환경을 제공할 때 다시 창의와 혁신의 시공간이 된다.

제목 없음의 존재 이유

"자라면 무엇이 되고 싶니?"

모든 아버지가 그렇듯 한 아빠가 어린 아들에게 물었다. 아들이 자랑스럽게 말했다.

"경찰차요!"

이 말을 듣고 머리가 띵했다. 경찰차는 사람이 될 수 있는 것이 아니다. 왜 그런 말을 했을까? 나만 해도 어린 시절에 당연히 문과를 가야 했고, 판사와 검사 말고 따로 할 일이 없는 것으로 알았다. 집안 친척이나 누군가를 접할 때 그 말만 들었으니 그 틀에 갇히지 않을 수 없다. 그렇게 고민 없이 다양성과 가능성의 문은 내게서 닫혔다. 다른 길로 갔다면 어땠을까? 두 번 사는 인생이 아니니 알 수 없다. 나도 옛 정보통신부, KT, 법무법인 태평양 방송

통신팀 등 경력을 바탕으로 일찌감치 정보통신 전문이라는 딱지가 붙었다. 그때는 그 분야 전문성을 인정받아 좋았지만 다른 분야의 문이 나도 모르게 닫혔다.

대만의 디지털 담당 장관 탕펑은 천재 프로그래머 출신이다. 16세에 스타트업 창업을 하고 35세에 장관이 되었다. 대만 교육 시스템이 너무 일찍 아이들의 쓸모를 특정 분야와 영역에 한정해 창의성을 잃게 한다고 지적했다. 사람은 자라면서 이리저리 부딪히고 학습과 경험을 통해 자신의 길을 찾아야 한다. 학교와 가정에서 원하는 직업, 용도, 쓸모를 아이들에게 강요해서는 안 된다. 그것은 공동체가 집단적으로 저지르는 '가스라이팅'이다. 다양성과 가능성을 듬뿍 담은 인재를 좁디좁은 특정 방향으로 몰아가는 것이다. 국가에는 인재를 잃는 손실이고, 개인에게는 평생의 고통으로 남는다.

미술 전시회에 가서 보면 불친절한 그림이 있다. 제목을 무제 또는 Untitled라고 붙인 작품이다. 현대미술은 어려워 제목을 보지 않으면 무슨 뜻인지 알기 어렵다. 제목이 없다는 것은 무슨 의미인가? 작가가 정해준 제목이 있다면 관객이 그 제목에 구속되어 작품을 감상하게 된다. 굳이 작가의 의도대로 작품을 봐야 할 필요가 있을까? 작가의 의도와 다르면 어떤가. 관객이 느끼는 감정으로 다르게 보면 무엇이 문제일까. 한 사람의 작가가 만든 작품이라도 모든 관객이 다른 느낌과 감흥을 얻는다면 관객 수만큼의 작품이 될 수 있다. 그것이 작품을 더욱 풍요롭게 하는 바람직한 접근법과 감상법이 아닐까.

  학창시절로 돌아가 보자. 국어시간에 시, 시조, 소설을 배울 때 선생님이 작가의 의도, 단어와 문장이 무엇을 의미하는지 가르쳤다. 예를 들면 시조에서 '님'이라는 표현은 임금 또는 나라를 표현한 것이라는 판에 박힌 해석이다. 내가 느끼는 대로 다르게 해석하면 잘못된 걸까? 작가 호르헤 루이스 보르헤스의 단편소설 〈피에르 메나르, 돈키호테의 저자〉에서는 1900년대 소설가 피에르 메나르가 세르반테스의 1605년 작품 돈키호테의 언어, 문장 등 모든 면에서 똑같은 몇 장을 그대로 베껴 신작이라며 발표한다. 물론 펠리페 2세나 종교재판소의 이교도 처형 등 300년이 지난 시대에 맞지 않은 내용을 제외했다. 피에르 메나르의 작품을 새로운 창작이라고 할 수 있을까? 보르헤스의 평가는 놀랍다. 300년의 시대착오를 이용해 '독자마다 새롭고 다양한 감흥을 불러일으켜 독서를 풍부하게' 했다며 세르반테스의 《돈키호테》와 다른 새로운 명작이라고 치켜세웠다. 억지스러우나 틀을 깨는 해석이다.

  옛 시조나 작품 중에는 작가를 알 수 없어 '무명씨'라고 표기한 것이 많다. 작가가 누군지 알면 그 사람의 처지와 환경에 구속되어 작품을 본다. 무명씨라고 하면 작가가 누군지 모르기에 오로지 독자가 느끼는 감흥 그대로 작품을 감상할 수 있다. 그것이 나쁜가? 독자에 따라 다양한 느낌과 감흥을 가질 수 있으므로 좋은 작품이 아닐까.

  작가 질리언 웨어링의 작품을 보자. 길에서 우연히 만난 50여 명의 낯선 사람들에게 그 순간의 심정을 종이에 적으라고 했고, 그것을 들고 있는 모습을 사진으로 찍어 남겼다. 〈다른 사람이 내게서 듣고 싶은 말이 아니라 내가 하고 싶은 말〉이라는 제목으로 출품했다. 경찰관이 어색한 웃음을 지으며 '도와줘(HELP)'라고 적은 종이를 들고 있다. 누군가를 도와주는 직업을 가진 경찰관은 누구의 어떤 도움이 필요했던 걸까? 여인은 미소를 지으며 '나는 대충 살고 있다(My grip on my life is rather loose!)'고 휘갈긴 종이를 들었다. 굳은 얼굴에 뱀 문신을 한 남자는 '나는 살짝 돌았다(I have been certified as mildly insane!)'고 적은 종이를 들고 있다. 압권은 넥타이에 정장을 멀끔하게 차려입고 멋진 미소를 짓는 젊은이다. '나는 절박하다(I'm desperate)'고 쓴 종이를 들었다. 일자리를 잃은 걸까? 관객은 궁금증과 함께 작품에 빠져든다. 작가와 작품은 사진 속의 주인공을 배려하고 위로한다. 관객은 작품에서 자신의 처지를 되새기며 배려와 위로를 받는다.

  작가 펠릭스 곤잘레스 토레스는 79.3킬로그램의 사탕을 전시장 구석에 쌓아 놓았다. 관객은 그 사탕을 먹기도 하고 가져가기도 했다. 그날 전시가 끝나면 다음 날을 위해 줄어든 사탕만큼 채워 놓는다. 79.3킬로그램은 무엇을 의미할까? 이민자이자 성소수자인 그가 후천성면역결핍증에 걸리기 전 건강했던 때의 몸무게다. 관객은 사탕을 먹고 가져가면서 그의 아픔을 공유한다. 〈무제(완벽한 연인)〉도 그의 작품이다. 동그랗고 하얀 벽시계 2개가 나란히 벽에 걸려 있다. 건전지를 동시에 넣었지만 수명에 따라 두 벽시계의 시간은 달리 흐른다. 언젠가 하나가 멈추고 다른 하나가 뒤따른다. 질병, 죽음, 사회적 편견이 연인을 갈라놓은 안타까운 현실을 보여준다. 작가는 작품을 기획하고 만들고 출품하며 배려와 위로를 받고, 관객은 자신의 처지로 치환해 배려와 위로를 얻는다.

작가 마리나 아브라모비치는 어떤가? 관객과 마주앉아 눈빛을 교환하는 행위예술을 했다. 첫날 그녀가 감았던 눈을 뜨자 중년 남자가 앞에 앉아 있다. 그녀의 눈이 흔들렸다. 30년 전 헤어진 연인이다. 침묵이 흐르고 눈물이 흘렀다. 손을 맞잡은 장면은 관객의 마음을 적셨다. 작가와 관객은 작품을 통해 배려와 위로를 받는다.

예술작품은 유리, 액자, 접근제한 경고문을 통해 경계를 획정함으로써 관객이 작품을 만지거나 접촉할 수 없다. 작품의 훼손을 막기 위함이다. 물론 그림, 도자기, 조각 등 작품을 만지며 질감을 느끼는 전시도 있다. 촉각으로 느끼는 것은 또 다른 감동을 안겨 준다. 접촉 그 자체가 훼손은 아니다. 아름다운 접촉은 서로를 이해하는 배려와 위로다. 접촉을 통해 우수한 소수의 '개체' 중심에서 배려와 위로가 개입된 '관계' 중심으로 바꿔야 한다. 개체 중심은 그 개체의 성공을 조직의 성공으로 착각한다. 개체 중심으로 조직을 끌면 단기적 성과가 있을 수 있지만 실질적인 장기 성과를 기대할 수 없다. 접촉을 통해 배려와 위로로 이뤄진 관계는 다르다. 자신의 단점을 동료의 장점으로 보완하고, 자신의 장점으로 동료의 단점을 보완한다. 조직의 인프라를 단단히 하고 시너지를 높인다.

  기업도 마찬가지다. 물건 팔고 돈 받는 데 그치지 말자. 기업의 존재 이유와 가치를 고객이 알고 사랑에 빠지게 해야 한다. 훌륭한 상품은 매출 증가를 넘어 고객과 신뢰로 연결되고 공동체 가치를 높인다. 딱딱한 거래에 배려와 위로를 더하면 공동체를 꽃피우는 창의가 되고, 창의는 혁신에 이른다.

자유를 위한 투쟁을 허하라

첨단산업으로 풍요로운 사회다. 그럼에도 더 강한 집단에 소속되고 더 많이 소유하기 위해 싸운다. 그렇게 성취해야 진짜 자유로운 삶을 얻는다고 믿는다. 그렇게 얻은 자유의 획득 과정과 결과가 타인의 자유를 침해해도 좋을까?

이사야 벌린의 《자유론》을 보자. 소극적 자유는 외부의 간섭이나 방해를 받지 않을 자유다. 강물, 모닥불을 멍하게 바라보면서 '격렬하게' 아무것도 하고 싶지 않다. 적극적 자유는 나의 삶을 스스로 결정하고 행동에 옮기는 자유다. 그런 삶은 공동체 안에서 실현되므로 타인에게 영향을 준다. 조직력, 강제력, 속임수를 동원하면 공동체를 전체주의 등 위험에 빠뜨릴 수 있다. 그러지 않으려면 공동체의 다양성과 타인의 자유를 존중해야 한다.

에리히 프롬은 '자유로부터의 도피'를 말한다. 인간은 중세 봉건, 왕조의 예속에서 해방되면서 처음으로 자유를 가졌다. 과거에는 권력이 시키는 일을 하면 보호받으며 살 수 있었지만, 자유 상태에서는 모든 것을 스스로 판단, 선택, 결정하고 결과에 책임져야 한다. 그 부담은 불안을 동반한다. 견뎌내지 못하면 광신적 종교, 정치 집단 또는 약물 등에 빠져들기 쉽다. 정신적·물질적 울타리를 얻지만 진정한 자유를 빼앗기고 노예 상태로 돌아간다. 사이비종교, 정치집단에 넘어가 피해를 본다(권위주의적 도피). 타인에게 고통을 준다(파괴적 도피). 단조롭고 반복적인 습관에 중독된다(기계적 도피). 대중문화, 유행 등에 탐닉한다(순응적 도피). 결국 공동체와 타인의 자유를 파괴한다. 자유의 가치를 알고 책임을 감수하는 능력을 길러야 한다.

디지털 시대는 공동체 안에서 세상과의 접촉면이 넓어지고 촘촘해진다. 교통, 통신의 발달로 서울 등 수도권에 삶이 집중된다. 아파트, 대중교통, 직장, 쇼핑몰 등 밀착형 생활공간이 는다. 오프라인에서 시작해 온라인, 모바일, 가상공간으로 확대된다. 누구나 언제 어디서나 단톡방, SNS, 게임, 온라인쇼핑몰, 메타버스 등 디지털기기를 통해 접속할 수 있다.

여기서 데이터, AI 기술을 기반으로 새로운 산업이 등장하고 옛 시장과 충돌한다. 모빌리티, 데이터, AI 등 기업은 시장을 개척

할 자유를 외치지만 기존의 기득권과 끝없는 싸움을 한다. 온라인은 접속을 통한 경제적 편리를 가져왔지만 다양한 가치와 이해관계가 충돌한다. 법률 정보 대중화와 권리 의식 증대로 웬만해서는 양보가 없다. 법률 조문을 들이대고 욕설을 하며 다툼을 이어간다. SNS에서 논쟁을 하다가 분을 참지 못하면 실제 만나 주먹다짐을 한다. 비슷한 경험과 생각을 가진 동조자를 규합해 집단싸움으로 이어진다. '신상털기'로 약점을 찾아내어 공격한다. 규모가 큰 분쟁은 정치 쟁점으로 만들고 보수와 진보로 나뉘어 다툰다. 언론의 관심을 받으면 분쟁은 걷잡을 수 없다.

디지털 공간은 얼굴을 직접 보지 않는다. 긴장감이 떨어지고 예의와 배려를 잊기 쉽다. 좋아질 기미가 없는 경제 환경에 마음의 여유가 없다. 나의 자유만 중요하고 타인의 자유는 안중에 없다. 자유와 자유의 끊임없는 투쟁이 이어진다.

인간에게는 이성과 비이성이 있다. 비이성을 자유의 영역으로 올려 실현하는 경우도 있다. 실리콘밸리의 자유는 신박한 아이디어를 내어 글로벌 빅테크 기업으로 키울 수 있다. 엘론 머스크가 전기자동차, 위성사업을 하겠다고 했을 때 AI가 알았다면 당장 그만두라 할 것이다. AI 학습데이터에 미래가 들어 있지 않기 때문이다. 삼성이 처음 반도체를 하겠다고 했을 때도 마찬가지가 아니었을까.

자유를 가진 인간만이 할 수 있는 일이다. 인간의 비이성을 자유의 영역으로 올리면 잘못된 결과도 낳을 수 있다. 나치는 유대인을 학살하는 방법으로 독일 민족의 자유를 실현하려고 했다. 새로운 시장가치를 창출하는 AI를 개발하면서 사람의 생명, 신체의 안전에 미치는 위험을 간과할 수 있다. 비이성은 창의와 혁신의 영역에서 새로운 미래를 창조하지만 범죄의 영역으로 가면 공동체를 망하게 한다.

디지털 시대에 인간의 존엄과 가치를 높이면서도 의무와 책임이 분명한 건강한 자유 관념을 확립해야 한다. 디지털이 가져오는 새로운 가치를 존중하되 기득권을 무시해서는 안 된다. 기득권을 포섭할 방안을 찾아야 한다. 타인보다 무조건 많은 자유를 가지려고 해서는 안 된다. 하나의 가치만을 맹종하지 말고 다양성을 존중해야 한다. 나의 자유를 확대하는 것이 타인의 자유를 침해할 위험이 있음을 항상 유의해야 한다. 새로운 자유를 만들려는 노력도 신중해야 한다.

새로운 자유가 기존의 자유와 맞부딪히면 갈등과 분쟁에서 벗어날 수 없다. 누군가의 자유만 살아남을 수 없다. 소통하고 양보해서 대안을 찾아야 한다. 키오스크를 이용해 영업할 자유가 있다면 디지털 약자도 쉽게 키오스크를 활용할 자유가 있어야 한다. 공동체를 위해 법을 만들고 권리를 신설하면 국가 재정, 민간기업 비용이 증가한다. 자유의 신설에 이득을 보는 사람 외에 피해를 보는 사람이 있는지 살펴야 한다. 디지털 시대, 진정한 자유가 만들어지려면 사람을 유혹하는 구호에 그치지 말고 공동체의 안정과 타인의 자유 존중이 우선되어야 한다.

왕조 시대의 민란은 정부 시스템의 해악이 극에 달하면 일어난다. 집을 떠나 오합지졸 도적떼가 된다. 정부와 싸우고 자기들끼리 싸운다. 힘을 갖추면 정부와 협상에 나선다. 군사적 열세로 관군에 진압된다. 리더를 만나 체계를 갖춰 백성의 마음을 읽으면 왕조를 바꿔 새 시대를 연다. 암호화폐는 미국 중심의 금융 시스템에 반기를 들고 세계 곳곳에서 일어난 민란이다. 국가관이 투철한 사람은 불법으로 규정하고 교활한 정치인은 표로 연결한다.

2008년 미국 월가의 합법적 투기꾼들은 돈벌이에 눈이 멀어 경기 흐름을 읽지 못했다. 집값이 계속 오른다는 복음만 퍼뜨렸다. 갚을 능력이 없는 사람에게 돈을 빌려주고 집을 사게 했다. 그 담보대출채권을 묶어 만든 파생금융상품을 팔았다. 집값 상승이 멈추고 급락하자 사람들은 빚을 갚지 못해 파산했다. 금융기관도 연쇄 도산하며 세계를 위험에 빠뜨렸다.

그해 10월 사토시 나카모토는 〈비트코인: 개인간 전자화폐 시스템〉이라는 짧은 논문을 냈다. 국가 금융시스템이 신용통화 등 화폐 발행을 남발해 금융위기를 일으켰다고 비판했다. 정부 개입 없는 개인 간 비트코인 발행과 거래를 위한 암호화폐시스템을 제안했다. 블록체인 기술로 이중 지불과 해킹, 위변조를 막아 거래 안전성과 신뢰성을 확보했다. 블록체인은 오픈소스 기술로 누구나 이용할 수 있다. 이유 없이 잠적한 제안자 사토시 나가모토에게 얽매일 필요도 없다. 누구나 다양한 암호화폐를 만들고 신규 사업 모델과 결합할 수 있었다. 화폐로서의 노력도 했다. 커피 등 상품 구입에 쓰는 시도를 했다. 달러 등 기축통화에 연계해 가치안정성을 높이기도 했다.

폐해도 많았다. 암호화폐는 실물이나 권리를 갖지 않고 심리에만 의존해 가치 등락폭이 너무 컸다. 교묘한 사업계획서로 사람을 꼬드겨 갈취하는 등 범죄를 저지르고 자금세탁에 이용했다. 투자자 손실과 피해가 늘었다. 실물경제와 관련성이 낮아 통화량에 편입되면 인플레이션을 일으키거나 정부 통화정책 실패 위험을 높인다. 정부가 암호화폐를 받아들일 수 없는 이유다. 정부는 암호화폐를 뺀 블록체인 산업을 육성한다고 했지만 성과가 없었다. 기존 시스템을 블록체인으로 대체하거나 중복 도입하는 것은 비용만 많이 들고 효과가 없다.

그렇다고 많은 사람이 암호화폐를 보유하는 현실을 무시할 수 없었다. 투자자를 법적으로 보호하기 위해 가상자산에 편입하는 제도화를 택했다. 특정금융거래정보법(자금세탁 방지), 가장자산이용자보호법(예치금 보호, 시세조종 제재, 암호화폐거래소 규제)이 그것이다.

암호화폐는 전자화폐, 가상화폐, 토큰, 가상자산 등 여러 이름으로 불린다. 비트코인, 이더리움 등 종류도 많고 특징도 다르다. 개방성과 다양성, 발전 가능성이 있다는 뜻이다. 암호화폐가 재화 또는 자산으로 성공할 수 있을까? 금, 은과 같은 실물이 없고 지식재산처럼 권리가 없다면 기대하기 어렵다. 네덜란드 튤립 광풍과 다르지 않다.

  그러나 기발한 사업 계획과 연계할 수 있다. 디지털 사진이 필름 사진을 대체하듯 상품권, 기프티콘, 포인트, 멤버십을 대체할 수는 없을까? 회사의 수익 배분 등 주식, 지분과 유사한 지위를 가질 수도 있다. 화폐로서의 가능성은 어떤가? 포기하지 말고 끊임없이 노력해야 한다. 기존에 존재하는 오프라인이나 온라인 물건을 산다면 기존 통화로 충분하다. 메타버스 등 새로운 가상경제 영역이면 어떨까? 그곳의 신상품이라면 암호화폐를 지급 수단으로 허용하는 실험을 해도 되지 않을까.

  암호화폐의 출현은 글로벌 금융경제 시스템에서 민간 역량이 국가 역량을 넘어설 수 있음을 보여준다. 민간은 암호화폐가 거품경제가 아니라 실물경제가 될 수 있음을 드러내야 한다. 암호화폐의 창의가 공동체에 도움이 될 수 있다면 그 싹을 꺾지 말자. 기존의 틀에 끼워 맞추기만 하는 억지 규제는 미래를 위한 사다리 걷어차기에 지나지 않는다. 디지털 시대, 자유와 자유의 투쟁은 언제 어디서나 멈추지 않으며, 새로움을 기꺼이 받아들일 때 헤쳐 나갈 길이 보인다.

우리에게는 새로움이 있다

AI가 발전을 거듭하면 인간을 능가하고 궁극에는 지배할 것이라고 한다. 정말 그럴까? 앤드류 니콜 감독의 영화 〈가타카〉를 보자. 유전공학의 발달로 나쁜 유전자를 제거해 완전한 아이만 태어나는 세상이다. 건강, 수명, 성격까지 완벽하다. 그런데 주인공 빈센트는 부모의 선택으로 유전자 조정 없이 태어났다. 근시에 신경계 질환 60퍼센트, 심장질환 99퍼센트, 예상 수명 30.2년의 잔인한 운명이다. 실망한 부모는 인공수정을 통해 완벽한 유전자를 가진 동생 안톤을 출산한다.

빈센트는 우주 탐사가 꿈이다. 완벽한 유전자를 가진 사람의 증명서와 생체정보를 위조해 우주항공 회사 가타카에 취업한다. 영화의 한 장면에서 빈센트는 동생 안톤과 수영 시합을 한다. 안톤은 육지에서 너무 멀어지자 두려움에 숨을 헐떡인다. 신체적으로 빈약한 형이 자신을 능가하는 현실을 믿을 수 없다. 빈센트가 안톤을 구해 육지로 돌아가며 말한다.

"나는 육지로 되돌아갈 힘을 남겨두지 않았어. 그게 너를 이긴 이유야."

그렇다. 인간은 승부를 위해 또는 자신의 존재를 확인하기 위해 죽음조차 각오한다.

결론부터 말하겠다. AI는 육체를 넘어 정신활동까지 모방하지만 인간을 이길 수 없다. AI가 세상에 존재하는 모든 데이터를 투입하고 세상에 존재하는 모든 에너지를 이용해 알고리즘을 돌려도 결과는 다르지 않다. 인간이 가진 비정상적 에너지 때문이다. AI가 데이터 학습만으로 배울 수 없는 것이다.

인간은 비합리적이다. 이성보다 감성을 따를 때가 많다. 근거가 부족해도 소문만으로 거액의 투자를 산다. 큰 이득을 보기도 한다. 손실을 보면 실력보다 운이 나쁘다고 생각한다. 당첨이 어려운 줄 알면서 매번 1등을 노리고 복권을 산다. 그 기분으로 일주일을 버틴다. 인간은 비합리적이므로 실수를 반복한다. 미생물학자 알렉산더 플레밍은 접시에 세균을 배양하다가 뚜껑을 열어둔 채 휴가를 갔다. 돌아와 보니 푸른곰팡이가 세균을 덮고 있다. 페니실린을 발견하는 순간이다. AI라면 세균을 배양하는 접시 뚜껑을 열어두는 실수를 하지 않는다. 강력한 접착제를 개발하려다 접착력이 약하지만 붙였다 떼었다 하는 제품이 나왔다면 AI는 접착력 약한 불량이라고 걷어차고 말았을 것이다. 인간은 포스트잇을 만들었다. 인간은 돌발 상황에서 새로운 가치를 창출해왔다.

 인간은 꿈을 꾼다. 꿈은 황당하다. 말이 되지 않는 상황이 뒤섞인다. 도덕이나 법도 무시하고 회피한다. 하늘을 날아다닌다. 물속을 거닌다. 그 꿈을 과학기술로 실현해 항공기, 선박을 만들었다. 건강에 해로운 줄 알면서도 불량식품을 사 먹는다. UFO(미확인비행물체) 등 증거가 없거나 충분하지 않아도 믿는다. 죽은 조상이 자신을 돌본다고 믿기도 한다. 인간은 무모하다. 비트코인 등 암호화폐가 등장했을 때 거액을 들여 산다. 당시 데이터를 AI에 넣어 분석했다면 사지 말라고 했을 것이다. 수영을 못하면서 물에 빠진 소녀를 구하기 위해 물에 뛰어든다. 인간은 부도덕하다. 전철이나 버스에서 노인을 보더라도 자리를 양보하지 않는다. 노인이 늙어 보이는 젊은이 일지 모른다고 노려보기도 한다. 위험에 빠지면 혼자 도망치기도 한다. 돈을 잃을 줄 알면서도 도박장을 찾는다. 건강에 해로울 줄 알면서도 약물을 가까이 한다.
 도덕적으로 지탄받지만 그중에 훌륭한 예술품 등 걸작을 남긴 사람도 많다. 모범생만 양산하는 AI가 결코 따라올 수 없다. 인간은 신을 믿는다. 하느님이 이 세상을 창조한 것을 믿는다. 예수께서 처녀에게서 태어난 것을 믿는다. 믿음만으로 천국에 간다고 믿는다. 신이 있기에 신의 말씀을 지키려 애쓴다. AI가 신을 믿을지 의문이다. 신을 믿는 인간을 이길 수 없다. 인간은 눈물이 있다. 고등수학을 들이대지 않더라도 손익이 명확한 일에서 손해를 보는 결정을 하기도 한다. 누군가를 돕기 위해 희생한다.

 인간은 수집한 모든 데이터를 고려하지도 않는다. 명확한 데이터라도 근거 없이 고려 대상에서 제외한다. 관심 가는 데이터를 기준으로 사고하고 판단하고 행동한다. 투입되는 모든 데이터를 고려하는 AI와 다르다. 사물을 있는 그대로 보는 것이 AI라면 사물을 비틀어 보는 것이 인간이다. 19세기에 AI에 의존해 그림을 그렸다면 모네의 인상주의는 나오지 않았다. 피카소의 입체주의도 나오지 않았다.

 인간의 비정상적 에너지에서 나오는 사고와 행동은 무에서 유를 창조한다. 비정상적 에너지가 인간에서 뿜어져 나오는 한 AI는 결코 인간을 능가할 수 없다. AI는 인간의 기술적·창의적 결과물이며, 인간이 혁신을 멈추지 않는 한 창의를 새로운 기대와 기회로 만든다.

 창의는 기존에 없던 새로운 가치를 생각해내는 힘이다. 창의에 기술을 덧대어 공동체의 삶을 바꾸면 혁신이 된다. 옛날에 사람이 하늘을 나는 것은 상상이다. 상상을 현실로 바꾸는 비행 이론과 방법을 찾아내면 창의가 되고, 기술을 더해 항공기를 만들면 혁신이 된다. 상상은 누구나 할 수 있지만 창의는 그렇지 않다. 창의를 막는 구조적 문제가 있다.

먼저, 인재 양성의 획일성이다. 사교육이 공교육을 처참하게 만들고 있다. 산업화, 정보화, 세계화를 뒷받침하기 위해 똑같은 목표를 갖게 하고 똑같은 시험을 거쳐 똑같은 인재를 선발한다. 경쟁에서 이겨야 우수하고 낙오하면 무능하다. 순위와 등급을 정하려면 공정해야 한다. 창의적 문제를 낼 수 없고 누구나 동의하는 기출문제에 의존한다. 다양한 해답이 나오는 문제를 낼 수 없다. 공부해야 할 분량만 늘어난다. 창의적 사고에 도움이 안 된다.

불확실성의 증가도 간과하지 말아야 한다. 과학기술이 발전할수록 미래 예측이 쉬워야 한다. 현실은 반대다. 경제사회 구조가 융합과 복합을 거듭할수록 복잡해지고, AI 등 기술이 기계학습, 의사결정을 통해 스스로 진화한다. 미래 예측이 어려우면 목표 설정이 쉽지 않고 인재 기준도 정할 수 없다. 낡은 기준으로 인재를 등용해 창의를 막으면 공동체를 망친다.

이분법적 사고는 어떨까? 이상과 현실, 선과 악, 진실과 거짓, 진짜와 가짜, 부와 가난, 유능과 무능 등 세상을 양분해 좋은 것을 취하고 나쁜 것을 버린다. 이분법적 사고는 불확실성이 적고 예측 가능성이 높은 모든 것이 명확한 시대에는 발전의 원동력이다. 그러나 이분법적 경계가 불분명한 미래에는 갈등과 대립만 부추기고 통합을 저해한다. 창의가 나올 기회가 없다.

넷째, 세대 경쟁과 갈등이다. 연령을 기준으로 고령세대와 MZ세대를 나눈다. 일자리를 두고 다툰다. 고령세대는 '꼰대' 취급을 받고 원로의 경험과 당당함은 잊었다. 염색하고 운동하며 젊은 티를 낸다. 노후가 걱정되어 MZ세대를 위해 양보할 생각도 없다. MZ세대는 어떤가? 자신의 처지를 공동체 탓으로 돌리고 자신의 이해관계와 안위만 챙긴다. 창의에 필요한 세대 협력이 막혔다.

순혈주의도 문제다. 같은 것을 지향하고 다른 것을 혐오한다. 취약계층, 다문화, 성소수자, 장애인 등 겉으로 표현하지 않지만 내심 꺼림칙하고 불편해한다. 많은 사람이 아이디어를 나눌수록 창의가 성장한다. 차별하는 곳에서는 창의가 나오지 않는다.

주입식 교육의 폐해는 누구나 알고 있다. 새로운 것보다는 옛것에 충실해야 취학과 취업이 쉽다. 쓸데없거나 황당한 질문은 허용되지 않는다. 스스로 생각할 시간과 기회가 없다. 다양하고 새로운 것을 시도하지 않다 보니 우수한 인재가 나올 수 없고 창의가 나올 수 없다.

마지막으로, 규제다. 모든 규제가 나쁜 것은 아니지만 나쁜 규제가 있다. 규제가 정한 기준에 따라 의무와 책임을 높이고 세분화하면 새롭고 다양한 아이디어가 나올 기회가 없다. 기존 시장을 고착시켜 신규 기업의 참여와 성장을 막는다. 대기업은 사회적 책임을 핑계로 ESG 등 비본질적 경쟁에 집중한다. 본질적 서비스 경쟁력보다 브랜드 가치만 키워 고객을 현혹한다.

창의를 막는 환경을 개선해야 한다. 규제를 없앤다고 혁신이 자동적으로 이뤄지지 않는다. 대한민국의 모든 시간과 공간에서 업무, 교육, 평가 방법을 다양화해 창의가 학습되고 실현되어 샘솟도록 하자. 생각하는 법도 다시 생각하자. 이분법적 사고는 창의적 아이디어의 무덤이다. 같은 부류에서 더 나은 것을 찾을 때가 아니다. 완전히 다른 것, 기존에 없던 새로운 것을 찾아야 한다. 차이와 다름을 불량이나 오류로 보고 공격하거나 배제해서는 안 된다. 다양성과 협력이 넘치는 환경을 만들어 창의의 산실로 삼아야 한다.

같아지기 위해 경쟁하고 같은 것을 두고 순위를 다투는 사회에서는 창의가 나올 수 없다. 창의 없는 혁신은 기득권을 고착화할 뿐이다. 창의를 꽃피워야 진정한 혁신이 온다.

올해 노벨상은
AI입니다

제레미 리프킨의 《노동의 종말》을 보자. 1950년 미국 남부 농장주는 농부의 임금을 올리는 대신 농기계를 구입했다. 일자리를 잃은 농부는 북부로 옮겨 공장 노동자가 되었다. 공장주도 임금 인상 대신 생산 기계를 도입했다. 그들은 다시 일자리를 잃고 가난에서 헤어나지 못했다. 증기기관, 철도, 자동차, 컴퓨터 등 기술은 일자리를 없애는 만큼 신규 일자리를 늘리지 못했다. 그렇다고 억지로 일자리를 만들면 생산성이 떨어진다. 기술은 문명을 발전시켰지만 소수 엘리트가 지배했다. 경제적·사회적 불평등은 악화되었다. 그는 해결책을 약자를 위한 사회안전망, 교육 훈련, 기본소득, 사회적 기업에서 찾았다. 그것이 일자리를 잃은 사람을 위한 기회일까? 패배적인 발상이다. AI 시대에는 달라야 한다.

사냥, 채집을 통해 의식주를 해결하던 원시시대에는 기술을 발전시킬 여유가 없었다. 정착 생활과 농경 기술의 발달로 잉여생산물이 생기고 저장할 수 있었다. 그 대신 농경에 종사하지 않는 잉여 인간이 생겼다. 그들은 어떻게 기회를 찾았을까? 학교에서 공부하며 미래를 준비했다. 잉여생산물을 거래하는 시장을 만들었다. 농경 산업을 넘어 새로운 산업을 만들어 가치를 찾았다. 다양성이 생겼고 문명이 발전했다. 경제발전의 수단으로 기술 연구와 개발에 집중했다. 인간의 근육과 뼈를 단단하게 하기보다 신체기관을 모방한 도구, 기계, 시스템을 만들었다. 그것들은 인간의 신체활동을 대체했다. AI는 인간의 정신활동을 대체한다. 인간의 신체와 정신활동을 기계와 AI가 대신한다면 사람은 어떤 활동을 해야 할까?

우리는 땀 흘려 일하고 대가를 받는 노동을 신성하게 여겼다. 노동이 산업, 시장을 일구고 국가를 발전시켰다. 일하지 않는 것은 타락이고 부도덕이었다. 헌법은 노동이 인간의 권리이자 의무라고 한다. 그러나 노동은 AI 시대에 권리도 아니고 의무도 아니다. AI가 손쉽게 대신할 수 있는 노동을 인간이 굳이 할 필요가 없다. 인간의 기존 노동은 취미활동이 되거나 비용을 지불하고 즐기는 스포츠가 될지 모른다. 바야흐로 노동의 종말이 오고 있다.

세계가 인터넷으로 연결되는 시대다. 컴퓨터, 스마트폰, 반도체 등 첨단산업의 기획, 설계는 미국이 담당하고 생산, 유통은 아시아가 맡아 상생했다. 미국의 기술과 첨단산업은 더욱 앞서갔고 AI까지 만들어 세계를 주도하고 있다. 중국 등 아시아도 거세게 추격하면서 갈등을 빚고 있다. 기술이 경제를 좌우하면서 인간 노동을 대체하는 것은 세계적인 현상이다.

  AI를 따라잡지 못한다면 인간의 근면, 성실, 자조, 협동은 미덕이 아니다. 일자리를 잃은 인간은 무엇을 해야 할까? 학교는 무엇을 가르칠까? 어디에서 소득을 구할까? 수동적인 보호 대상에 그칠 수 없다. 패배주의에서 벗어나 혁신 주체로 거듭나야 한다.

  AI에 일자리를 빼앗기면 인간의 신체와 정신활동까지 잉여가 되는 시대가 온다. 위기이지만 기회다. 직장에 마음과 몸이 묶인 사람은 자유롭지 못하다. 생각이 갇혀 있다. 상사의 지시라면 따라야 한다. 매년 실적에 목이 걸려 있다. 그러나 일자리가 없는 잉여 인간은 자유롭다. 혁신 주체가 될 수 있다. 낡은 노동에 얽매이지 않아 새로운 생각을 하고 창의로 혁신할 수 있다. 휘발성 콘텐츠에 기꺼이 돈을 지불하고, 개미의 힘겨운 노동보다 베짱이의 즐거운 노동에 가치를 부여한다.

  AI가 따라 할 수 없는 인간 고유의 장점을 찾고 활용해야 한다. 신체와 정신활동의 빈 곳에서 생명체만의 고유 '감각'을 일깨우고 집중해보자. 정신, 육체와 감각 활동을 융합하고 복합해 새롭고 다양한 가치를 창출할 수 있다. 그래서 나는 노벨상이 AI를 살렸다고 믿는다.

노벨상은 그동안 우리 삶에 중요하지만 당장 어떤 영향을 주는지 선뜻 다가오지 않는 연구에 주어졌다. 심사 시점에 사회적 이슈가 된 연구보다 오래 전 기초 분야의 연구를 우대했다. 2024년 노벨 물리학상과 화학상은 달랐다. 현재 산업, 시장과 사회를 뜨겁게 달구고 있는 AI에 주어졌다. AI 연구자인 존 홉필드, 제프리 힌턴 교수에게 노벨물리학상이, 데미스 허사비스, 존 점퍼에게 노벨화학상이 돌아갔다. 홉필드는 1980년대 처음으로 인간 뇌신경세포에 착안해 인공신경망 연구의 초석을 닦았다. 힌턴은 AI 알고리즘의 딥러닝 심층학습 개념을 처음 고안했다. 챗GPT 등 생성형 AI 시대를 열었다. 허사비스와 점퍼는 AI 예측 모델 '알파폴드'를 개발해 생물체를 구성하는 거의 모든 단백질의 복잡한 구조를 밝혔다. 항생제, 전염병 치료, 건강과 바이오산업 등 무궁무진한 기여를 가능하게 했다.

노벨상 심사 기준을 보자. 새로운 발견, 발명을 통해 탁월한 연구 성과를 보여야 한다. 첫 발견 또는 첫 발명으로 지식의 기초를 쌓았는지, 새로운 지식과 분야를 만들었는지, 우리 삶에 얼마나 중요하고 많은 영향을 미쳤는지 심사한다. 무엇보다 인간의 삶을 근본적으로 개선하고 새로운 미래를 창출해야 한다.

2024년 노벨상의 AI 수상은 어떤 의미를 가지고 있을까? 기존 노벨상은 미래의 삶을 바꿀 수 있는 블랙홀, 양자 기술, 리튬이온 배터리 등 기초 연구에 주어졌다. 2024년에는 현재 증권시장을 포함해 모든 사람의 뜨거운 관심을 받는 AI다. 경기침체, 기후온난화, 전염병, 자연재해 등 인류의 난제를 타개할 핵심 기술, 기초과학으로 AI를 지목했다. 노벨상을 2개 분야 이상에 걸쳐 받음으로써 AI가 모든 분야에 활용될 수 있음을 인정했다.

  최근까지 AI는 투자 규모 대비 시장을 주도할 서비스를 내놓지 못했다. 실제 가치보다 과대평가되었다는 거품론이 있다. 노벨상 수상은 AI가 인류의 미래라는 방향성과 가능성을 명확히 인정하고, 잠재력에 비춰 AI 거품이 필요하면서도 감내할 수 있는 수준이라고 확인한 셈이다. AI 생태계 종사자에게 불확실성에 대한 우려를 덜고 업무에 집중하는 정신적·이념적 인프라를 제공했다. 경기침체 우려가 여전하지만 AI 혁신에 페달을 다시 밟는 촉진제 역할을 했다.

  홉필드는 미국 프린스턴대, 힌턴은 캐나다 토론토대 교수, 허사비스와 점퍼는 구글 딥마인드 CEO와 연구원이다. 힌턴 교수의 구글 경력이나 일리야 수츠케버 등 제자의 오픈AI 창업 등 활동을 고려하면 미국 대학과 빅테크 기업이 노벨상을 수상했다고 봐야 한다. AI 기술 연구의 혁혁한 공로가 그들에게 있다는 현실을 정면으로 인정한 셈이다. AI의 발전과 미래는 유럽, 아시아가 아니라 미국 중심으로 갈 수밖에 없다는 선언이다. 미국 이외 국가가 주장하는 AI 주권론은 강력한 도전에 직면할 수밖에 없다. 구체적이고 실효적인 대응 전략을 수립하고 실행해야 한다.

모든 국가가 AI 기술혁신으로 국가 개조를 선언하고 있다. 모든 기업이 AI를 자신의 핵심 사업에 결합하는 노력을 하고 있다. 아직까지는 소리만 요란한 빈 깡통에 그치고 있다. 고객이 재미를 넘어 생업을 위해 관심을 가질 서비스가 많지 않다. 이번 노벨상 수상을 계기로 확신을 갖고 사람의 실생활에 스며드는 AI 서비스를 만들어 내놓아야 한다.

노벨상 수상자에 힌턴이 포함된 것은 또 다른 의미가 있다. 그는 AI 발전이 예상보다 매우 빠르고 위험도 급속도로 높아진다고 경고했다. 안전을 위해 AI 발전에 속도 조절과 규제가 필요하다는 주장이다. 이번 노벨상은 AI 기술혁신을 통해 미래를 발전시킬 과제와 위험을 통제해 안전을 확보해야 할 과제를 함께 주고 있다. AI 활용과 안전이라는 두 마리 토끼는 인간이 AI와 공존하며 미래를 만들기 위해 반드시 잡아야 할 핵심 교훈임을 명심해야 한다.

기술이 모두의
힘이 될 때

남아공 육상선수 오스카 피스토리우스는 무릎 아래 다리뼈가 없다. 의족을 착용했지만 육상에 소질을 보였다. 의족은 휘어진 칼날 모양의 탄소섬유 첨단제품이다. 일반인 육상대회 출전을 두고 논란이 일었다. 의족은 에너지 소모를 줄여 경기력을 향상하므로 대회의 순수성을 훼손한다고 했다. 그러나 단거리에서는 근력이 중요하다. 일반 선수는 발, 종아리, 무릎, 허벅지, 엉덩이 등 모든 근육을 쓰지만 의족을 한 선수는 허벅지, 엉덩이 근육밖에 쓰지 못해 불리하다. 2008년 스포츠중재재판소는 의족을 착용하고 일반인 국제대회에 참가할 수 있다고 판정했다. 의족 성능이 AI 활용과 고탄력 금속으로 고도화되면 어떻게 될까? 의족을 한 선수들이 상위권을 차지해도 될까? 새로운 규정이 필요할 것이다.

선수가 약물을 복용하는 도핑은 금지된다. 금지약물을 통해 경기력을 향상하면 경쟁의 공정성을 저해한다. 선수의 생명이나 건강을 해칠 수 있다. 생명과 건강에 영향을 주지 않고 경기력만 향상하는 신약이 나오면 어떻게 될까? 한계를 뛰어넘는 경기를 볼 수 있지 않을까.

미래학자 레이 커즈와일은 인간과 AI가 결합한 슈퍼맨의 탄생을 기다리며 《특이점이 온다》라는 책을 썼다. 영생의 기술이 나타나길 고대하며 그때까지 살아남기 위해 수많은 알약을 먹고 자신을 극저온 냉동할 계획도 있다. 기술 발전은 인간이 만든 '기술적 대상'의 존재 방식을 변화시킨다. 도구, 기계는 사람의 몸 밖에 존재하지만, 스마트폰, 스마트워치, 이어폰은 휴대 물품이 되었다. 의수, 의족, 렌즈 등은 우리 몸에 부착되고, 인공 심장, 인조 혈관 등 인공 장기는 몸속에 자리를 잡았다. 일론 머스크의 뉴럴링크는 사람의 머리에 칩을 심어 컴퓨터 등 첨단기기를 조작할 수 있게 했다. 기술혁신은 영원한 젊음과 안락한 삶을 가져다줄 수 있을까? 기술적 대상을 넘어 인간마저 물리적으로 개조하는 세상이 올까? 그래도 될까?

미국 실리콘밸리 빅테크 기업의 철학적 배경에 '트랜스 휴머니즘'이 있다. 기술을 활용해 인간의 육체적·정신적 장애를 극복하고 능력을 획기적으로 개선하자는 철학이다. 1957년 생물학자

줄리안 헉슬리는 인간을 유지하며 인간을 초월할 수 있다며 이 용어를 처음 사용했다. 그 전의 '휴머니즘'은 동양에서는 자연의 일부로 살아가는 인간이 옳고 그름을 판단해 행동으로 실천하는 인본주의를 의미했다. 서양에서는 중세를 극복해 인간을 재조명하고 문화 부흥과 기술 문명을 강조했다. 휴머니즘은 인도주의, 박애주의로 발전하기도 했지만, 인간 중심의 이분법적 사고를 낳아 전쟁, 환경 파괴, 빈부격차 등 문제를 낳고 정당화하기도 했다. '포스트 휴머니즘'은 휴머니즘에 대한 반성을 통해 이기주의를 극복하고 자연과 공존을 모색한다.

트랜스 휴머니즘은 휴머니즘을 이어받거나 그 문제점을 해결하기 위해 기술혁신을 활용한다. 육체, 정신 강화를 넘어 낙후된 문화, 제도를 혁신하자고 한다. 기술혁신을 위해 낡은 질서와 기득권을 뒷받침하는 법령 개선과 규제 완화를 외친다. 산업과 시장이 정체되고 성장하지 못하면 갈등과 분쟁이 격화된다. 성장 페달을 계속 돌리려면 수단이 되는 과학기술에 대한 믿음이 중요하다. 우리가 AI에 목을 매는 이유가 그것이다. 트랜스 휴머니즘은 AI 에이전트, 피지컬 AI, AI 자율주행 등 AI 관련 기술 확장을 통해 인간을 초월한 시대를 열려고 한다.

문제는 없을까? 기술혁신이 경제의 성장과 생활의 편리함을 주지만 인간의 자아실현에도 도움이 될까? 노화가 늦어지고 건강이 좋아진다고 행복한 것은 아니다. 기술혁신으로 노동을 대체하면서 일자리와 소득이 줄면 갈등과 분쟁이 격화된다. 자본주의가 품고 있는 불평등 문제조차 과학기술로 해결하기는 쉽지 않다. 트랜스 휴머니즘은 기술혁신만 뒷받침할 것이 아니라 기술혁신의 폐해를 감당할 수 있어야 한다. 기술혁신이 만능열쇠가 아님을 자각하고, 인간과 기술의 공존을 모색하며, 인간의 역할을 고민하는 데에서 시작점을 찾아야 한다. 그리고 그 고민은 기업 자체에만 머물지 말고, 공공 분야로 옮겨가야 한다.

  정치권은 선거, 국정감사 등 중요 행사가 있으면 국민의 통신비 부담을 덜어준다며 이동통신 기업에 통신요금 인하를 요구한다. 국가 자원인 주파수를 빌려 사업을 한다. 해외 수출보다 내수시장에서 이익을 낸다. 정부 인허가, 등록이 필요하고 각종 규제를 받는다. 대규모 통신 시설이 필요하다. 신규 진입이 어려운 독과점 시장이다. 그러나 수많은 이유를 들이대도 민간기업의 요금에 간섭할 법적 권한이 없다. 국민의 통신비를 지원하고 싶다면 국가 예산으로 해야 한다. 그런데 왜 이런 일을 반복할까?

  과거에는 국민의 권리가 대부분 국가를 대상으로 했다. 신체의 자유, 사생활의 자유, 언론의 자유 등 국가로부터 침해를 막는 데 중점이 있었다. 민주화되고 사회가 복잡해지면서 국민 요구가 다양하게 증가했고 국가가 해결하기 어려워졌다. 경제발전에 따라 기업의 역할이 중요해지고 국민의 삶에 큰 영향을 미치고 있다.

생계에 필요한 급여 보장, 산업안전, 개인정보 보호 등이 그것이다. 국가는 국민이익 증진을 위해 국가가 수행했던 의무나 비용을 입법을 통해 기업에 넘겼다. 수익성이 없지만 오지, 낙도에 대한 통신서비스, 기업의 출연금을 재원으로 하는 발전기금 등이 있다. 이제 기업은 고객, 주주 보호 외에 사회적 가치도 실현해야 한다. 사회공헌, ESG 등 이름을 붙여 활동한다. 문제는 그런 활동이 수익 창출이라는 기업 본연의 업무와 거리가 멀다는 것이다. 비용으로 간주되고 생색내기에 그치고 만다. 이런 상황에서 공공 분야의 어려운 문제를 기업혁신으로 해결할 수 있을까?

  마이클 포터의 주장을 보자. 자연재해, 빈부격차, 전염병, 기후 온난화 등 공공 분야가 풀 수 없는 문제를 기업 혁신으로 해결할 수 있다. 비용 절감 및 수익 창출 모델로 바꿀 수 있다. 기업이 재해 현장에 로봇을 투입해 인명 구조를 하고 대가를 받으면 수익도 창출된다. 정보기술(IT) 기업이 비용을 부담해 민간 컴퓨터 교육을 지원하면 IT 인력 양성이라는 공공 분야의 문제를 해결하면서 미래 고객도 확보할 수 있다. 이동전화 시장 초기에 단말기보조금은 많은 사람에게 통신의 자유를 향유하게 하는 사회적 기여에 해당하면서 신규 고객을 늘리는 방안이었다.

  이에 대해 마이클 샌델의 반론도 만만치 않다. 공공 분야의 문제를 상업적 방식으로 해결하려고 하면 시장 폐해가 공공 분야에도 생긴다. 기업이 공공 분야를 사유화하면 적자 보전 또는 수익 창출을 위해 안전 등 공적 인프라를 위험에 빠뜨린다. 재해 현장에 로봇을 투입할 때 손실을 보지 않으려고 소극적 구조에 그칠 수 있다. 기업 혁신을 공공 분야에 도입하기 위해 기업인을 대통령, 국회의원, 장관과 차관으로 뽑기도 한다. 성공 사례도 있지만 대부분 기득권 정치에 동화되거나 경제적 이권에 휘말려 꼴사나운 모습을 보인다. 민간이 한다고 공공기관에도 ESG를 도입한다. ESG가 없었기 때문에 기존 문제가 해결되지 않았던 걸까? 남의 옷이 멋있어 보인다고 내가 입어도 멋있는 것은 아니다. 인건비 등 비용만 증가한다.

공공 분야의 독자적 혁신 방안을 모색해야 한다. 기술혁신을 강조하고 있지만 기술은 혁신 수단에 그치고 혁신 주체는 사람임을 명심해야 한다. 정치권에 휘둘리지 않는 업무 환경이 우선이다. 공무원이 일을 하게 해야 한다. 문제 해결을 위한 적극 행정에 면책 범위를 넓히고 인센티브를 줘야 한다. 직권남용보다 직무유기를 엄벌해야 한다. 기업 혁신이 만병통치약은 아니지만 경제발전에 큰 역할을 했다. 공공 분야가 스스로 해결할 수 없는 영역에서 기업을 활용한 문제 해결도 중요하다. 경계할 것은 정경유착에 의한 '무늬만 혁신'으로 나랏돈을 부정하게 낭비하는 것이다.

2012년 프랜차이즈 햄버거 업체 직원 A는 식재료를 발로 밟는 사진과 함께 '이게 너희가 먹는 양상추'라는 글을 인터넷에 올렸다. 충격을 받은 사람들은 불과 15분 만에 매장과 직원을 찾아내 응징했다. 어떻게 가능했을까? 사진에 담긴 GPS 위치정보를 확인해 추적했다.

GPS는 인공위성이 보내는 신호를 수신기가 받아 현재 위치를 찾는 위성 항법 시스템이다. 미국 국방부가 폭격의 정확성을 높이려 개발했고, 군사기지 탐지, 대테러 활동 등 국방용으로 활용했다. 1983년 대한항공 여객기가 옛 소련 영공 침범을 이유로 격추된 사건을 계기로 민간에 무료 개방했다. 항공기, 선박, 자동차 내비게이션을 넘어 스마트폰, 태블릿PC 위치서비스를 위해 폭넓게 이용한다. 미국이 GPS 제공을 중단하면 어떻게 될까? 생각만 해도 끔찍하다. 우리나라, 유럽연합, 중국 등은 미국 의존도를 낮추기 위해 독자적인 시스템을 구축하고 있다.

GPS가 이용하는 인공위성은 지구 둘레를 돌도록 로켓을 이용해 쏘아 올린 인공 장치다. 인공위성을 초속 7.9킬로미터 내지 11.2킬로미터 이내로 발사하면 지구에 떨어지거나 벗어나지 않고 궤도에 자리를 잡는다. 제2차 세계대전 당시 독일 로켓을 옛 소련이 발전시켜 최초 인공위성 스푸트니크를 발사했다. 인공위성은 군사용에서 시작했으나 다양한 용도로 확대되어 과학, 방송, 통신, 기상 관측에 활용된다. 일론 머스크의 스페이스X, 제프 베이조스의 블루 오리진은 발사 실험에 성공해 우주 여행을 상업화하는 노력을 하고 있다.

　인터넷은 미 국방부 통신망에서 나왔다. 핵전쟁에도 끄떡없이 살아남을 수 있는 네트워크를 만들려고 시작했다. 그 과정에서 여러 통신망을 연결해 '아파넷'을 만들고 참여 기관이 늘면서 다양한 수요가 발생했다. 1983년 국방용 네트워크를 '밀넷'으로 떼어 내고 아파넷을 기업 등 민간까지 연결하는 네트워크로 확장했다. 국방이라는 특정 용도의 통신망에서 시작해 세계 통신망을 연결해 인간의 삶에 필수적인 인터넷이 되었고, 온라인, 모바일 음악, 영화, SNS, 쇼핑 등 수많은 콘텐츠와 산업, 시장을 만드는 기회의 땅이 되었다. 미국이 만든 세계경제는 국방 기술에서 시작했다고 해도 지나치지 않다.

　원시시대 석기와 청동기, 철기는 칼, 창 등 무기를 만들어 공동체를 지키는 군사 기술이면서 낫, 호미 등을 만드는 농경 기술이다. 공동체가 성장하면서 반역과 내란을 막기 위해 국방 기술의 민간 사용을 제한했다. 옛 소련은 냉전시대 최고의 국방 기술을 가졌지만 민간에서 꽃을 피우지 못해 역사에서 사라졌다. 인공위성, GPS, 인터넷처럼 국방 기술을 민간에 이전해 산업 활성화를 이끈 국가만 최강 선진국이 되었다.

　AI 시대에 전쟁 방식과 전장도 변화한다. AI, 로봇 등 살상무기가 발전하고 있다. 해킹, 유출, 파괴 등 침해가 온라인에서 수시로 이뤄진다. 국방 기술은 공격용 외에 방어용도 중요하다. 국가안보, 공공질서 침해 기술이 발전하면 방어 기술도 발전해야 한다. 소형 비행체 드론은 레이다 감시망에 걸리지 않고 침투해 국가안보, 공공질서를 위협할 수 있다. 서울 도심에 적국이나 테러단체의 드론이 돌아다니면 어떻게 되겠는가. 방어를 위한 안티 드론 기술이 중요한 이유다. 전파 방해 등 즉각 대응을 통해 포획, 격추, 퇴치해야 한다. 이 경우 민간의 생명, 신체 안전이나 방송 통신, 시설물에 미치는 피해를 최소화하는 기술도 중요하다.

　과학기술을 바탕으로 국방과 경제는 하나가 되어 시너지를 내고 있다. 국방 기술과 민간 기술에 안보를 제외하곤 칸막이가 있을 수 없다. 국방 기술의 다양성과 확장성을 높이고 민간에 이전해 산업을 활성화해야 한다. 민간 역량이 어느 때보다 높으므로 민간 기술을 국방 기술로 확장하는 것도 중요하다. 국가안보를 단단히 하면서 국방과 경제, 공공과 민간이 한몸으로 움직일 때 국가경쟁력 강화를 위한 창의가 첫발을 내딛는다.

슈퍼히어로에 맞서는 법

구글 등 글로벌 빅테크 기업이 호황임에도 대규모 해고를 단행했다. 경영 지원, 인사, 광고 등 AI와 중복되는 인력이 정리 대상이다. 틱톡, 유튜브 등 동영상 플랫폼에 해고를 통지받는 과정을 실시간 중계하는 직원의 영상이 애잔하다.

기계는 자동화를 통해 인간의 단순, 반복 노동을 대체한다. AI는 인간의 정신활동을 모방하기에 고급 두뇌 활동을 대체한다. 비싼 돈을 들여 AI를 개발하는 이유다. 기계와 AI가 포위해 사람을 몰아붙이다 보니 대부분의 일자리가 견딜 재간이 없다.

기술과 노동의 관계를 보자. 농경사회에서는 트랙터 등 기계를 도입하면서 인간의 관여가 줄기는 했지만, 농경지를 만들고 씨를 뿌리고 재배하고 수확하는 데 노동이 필요했다. 산업 시대에도 상품 기획, 설계가 끝나면 제조, 유통에서는 인간의 노동이 필수였다. 인건비, 복지, 안전 등 비용이 높아지면서 노동은 자동화된 기계로 급격하게 대체되었다. 그러나 금융, 통신 등 새로운 업종의 증가로 그에 맞는 신규 노동이 나타나고 가치가 상승했다.

AI 시대는 어떨까? AI를 활용해 신상품을 기획, 설계해 내놓는 것도 중요하지만 AI 도입 자체에 많은 비용이 든다. AI를 활용한 사업이 반드시 성공하리란 보장도 없다. 시장을 만드는 시간도 필요하다. 그 비용을 건지기 위해 높은 인건비를 지불하는 노동부터 AI로 대체한다. 컴퓨터 프로그래머, 엔지니어, 의사, 변호사, 회계사 같은 고임금 직업이다. 국가마다 근로자를 보호하는 법제가 달라 접근 방법은 다를 수 있다. 미국은 비교적 해고가 자유로워 단순 반복 업무는 기계의 자동화를 통해 대체하고, AI를 활용해 전문적인 업무를 쉽게 대체할 수 있다. 우리나라 등 근로관계법이 발전된 나라는 법령에 의해 허용된 범위 내에서 대체가 이뤄진다. 인력의 재배치, 명예퇴직, 희망퇴직 등을 통해 기존 인력을 해소한다. 신규 채용을 최소화하면서 AI로 노동을 대체한다.

AI 시대에 어떤 직업이 살아남을까? 누군가는 의사보다 간호사가 유리하다고 한다. 의사의 노동은 대부분 질병의 진단과 분석, 치료 등 고임금의 정신활동이므로 AI의 타깃이 되기 쉽다. 간호사의 경우는 정신과 육체활동이 뒤섞여 있기에 AI가 쉽게 대체할 수 없다. 이 견해에서는 정신과 육체 활동이 절묘하게 섞여 있는 직업이 유리하다. 다른 누군가는 변화가 심하면서 미묘한 사람의 감정을 다루는 상담 업무 등은 대체되기 어렵고, 데이터를 다루거나 데이터로 변환하기 쉬운 직업은 대체되기 쉽다고 한다.

 재미있는 의견이다. 그러나 AI에 의해 대체되는 직종을 예측하기는 쉽지 않다. AI도 끊임없이 진화하기 때문이다. 대략의 방향은 생각해볼 수 있다. AI의 발전 수준, 직종의 특성, 법령의 규제 내용과 수준, 근로관계법의 내용과 정도를 고려해야 한다. 과도기에는 여러 일을 하는 'N잡러'도 많아진다. 자신에게 맞는 일을 찾고 다양성을 확보하는 과정이다.

 AI는 끊임없이 진화하지만 항상 완벽한 결과를 내놓지는 않는다. AI에 대해 규범적 통제를 하거나 오류, 하자, 불순물을 가려 최종적으로 다듬는 역할을 하는 업무는 대체되기 어렵다. AI 시대에도 데이터에서 나올 수 없는 미래를 기획, 설계하는 일은 사람이 해야 한다. AI가 기존 데이터와 알고리즘으로 통제한다면 토머스 에디슨, 일론 머스크 같은 언뜻 보면 황당해 보이는 아이디어가 결코 채택될 수 없다.

 AI 시대에는 데이터와 알고리즘에 가둘 수 없는 비정상적 에너지를 축적하는 것이 중요하다. 정상에 가려진 '비정상의 가치'를 찾아야 한다. 특이하고 기발한 아이디어를 내놓고 순식간에 폭발적으로 분출할 수 있는 사람이 많아야 한다. 그런 일자리는 어떤 반대에도 살아남아야 한다. 그것만이 AI의 일자리 공습에 맞서 인간과 미래를 지키는 창의다.

챗GPT 돌풍에 이어 뇌신경과학 스타트업 '뉴럴링크'가 준 충격은 작지 않다. 미국 식품의약청 승인을 얻어 인간의 뇌에 초소형 칩을 이식해 컴퓨터에 연결하는 임상시험을 하고 있다. 대상은 사지마비 장애인이다. 생각만으로 컴퓨터, 휴대폰을 작동하고 네트워크에 연결한다. 인간의 미래를 바꾸려는 뉴럴링크를 어떻게 이해해야 할까?

창의 제1단계는 도구와 기계다. 인간의 신체활동을 외부에 확장하는 기술이다. 인간은 다른 동물과 달리 근육과 뼈를 키우지 않았다. 도끼, 농기구 등 도구와 트랙터 등 기계를 만들어 삶에 이용했다. 증기기관, 교통체계, 정보통신시스템 등 공동체 인프라를 만들었다. 작동 과정과 결과에서 발생하는 위험을 미리 통제할 수 있기에 가능했다.

창의 제2단계는 AI다. 인간의 정신활동을 외부에 확장하는 기술이다. 검색, 생성 등에 활용되는 범용 AI는 삶에 많은 편익을 준다. 그러나 AI는 딥러닝 구간을 거치면서 어떤 결과물이 나올지 알 수 없다. 위험을 예측하고 평가하기 어렵다. 공동체의 논의와 더불어 윤리와 법령으로 통제하며 발전시키고 있다.

창의 제3단계는 인간 자체의 신체능력을 지원하는 기술이다. 기술 발전에 따라 컴퓨터 화면 클릭 등 단순 동작만으로 기계, AI를 활용할 수 있다. 육체노동이 줄면서 일과 운동이 분리되었다. 신체능력을 유지하려면 일터를 벗어나 피트니스센터를 찾거나 등산, 수영 등 운동을 따로 해야 한다. 신체 능력 보강을 위한 의학, 약학, 과학의 발전도 눈부시다. 질병의 조기 발견과 치료, 영양제와 식이요법, 재활의학, 장기이식, 인공장기 등 다양하다. 오랫동안 일을 하기 위해서는 신체 약화에 영향을 받지 않는 기술도 많아진다. 기술 이용에 몸과 힘을 쓰지 않아도 된다. 그 대신 화면 클릭, 버튼 등 단순 동작의 인터페이스는 얼굴, 홍채, 지문 인식 등으로 진화한다. 타인 또는 AI가 쉽게 도용할 수 없게 식별력을 높이기 위해서다. 인터페이스는 휴대폰을 넘어 링, 워치, 증강현실(AR), 가상현실(VR) 안경, 이어폰, 헤드셋 등으로 다양성을 높이며 발전한다. 서비스의 품질, 수준, 활용도를 높이기 위해서다. 뉴럴링크 등 인간의 뇌 등 몸에 초소형 칩을 심어 컴퓨터와 휴대폰 등 기기를 움직이는 것도 마찬가지다. 신체장애에도 서비스를 이용할 수 있다. 기술 이용 방식의 단순함은 인간 고유의 신체 퇴화를 가속할 수 있다. 인간의 두려움은 영화 등 예술에 고스란히 표현된다. 〈슈퍼맨〉, 〈원더우먼〉 등의 슈퍼히어로 영화는 강력한 신체를 가진 인간에 대한 향수와 동경을 담고 있다.

3단계의 위험은 어떻게 해결해야 할까? 인간을 실험체로 사용할 때는 존엄과 가치를 기본으로 해야 한다. 신체를 인터페이스로 활용하는 것도 한계가 있다. 신체 안에 장착되고 네트워크까지 연결된다면 생명, 신체, 재산의 안전, 사생활 등 권리를 침해할 수 있다. 위험을 분석하고 안전을 검증해야 한다. 윤리와 법령에 더해 기업의 의무와 고객의 권리를 정립해야 한다. 건강한 신체를 만들기 위한 노력은 개인의 영역을 벗어나 국가가 나서야 한다.

창의 제4단계도 있을까? 기술이 발전하면 편리하지만 갈수록 작동 원리를 알기 어렵다. 일자리는 AI가 차지한다. 인간관계는 멀어지고 그 사이를 기술이 비집고 들어온다. 기술의 발전에 따른 인간 소외는 불안과 공포 등 정신 약화로 이어진다. 도박, 알코올, 마약 등 약물에 의존하게 한다. 그렇다면 제4단계는 인간 고유의 정신능력을 극적으로 고양하는 기술이어야 한다. 그래야 기술과 위험도 통제할 수 있다.

눈앞의 이익에만 매몰되어 통제할 수 없는 기술을 고민 없이 받아들여서는 안 된다. 위험과 고통에 자리를 내준 뼈아픈 역사를 되새겨야 한다. 인류의 미래를 위해 위험을 통제할 수 있는 강인한 인간 정신이 필요하고, 인류 친화적 창의로 뒷받침해야 한다.

제갈량은 어디에 있는가

새로운 시대를 이끌 인재는 어떻게 찾을까?《삼국지연의》중 제갈량이 올린 출사표로 시작하자. 늙은 몸을 이끌고 북벌을 떠나며 2대 황제 유선에게 올린 글이다.

"세상에 뜻이 없어 은거했으나 선대 황제(유비)께서 몸을 낮춰 초가집에 세 번이나 찾아와 세상의 일을 물었습니다."

제갈량은 처음에는 유비를 피하다가 간곡한 정성과 대의에 설득되어 영입되었다. 하지만 삼고초려는 소설의 재미를 더하기 위해 만든 허구라는 견해가 있다.

《위략》,《구주춘추》는 제갈량이 먼저 유비를 찾았다고 썼다. 제갈량이 몸이 더 달았고 더 적극적이었다. 제갈량은 형주를 다스리는 유표의 인척이다. 유표는 지도자로서 자질이 부족했다. 북방을 평정한 조조의 다음 목표는 형주였다. 손권의 오나라로 가는 요충지다. 당시 유비는 조조를 피해 형주에 와 있었다. 전쟁 위기감을 느낀 제갈량은 형주의 지식인들과 함께 유비를 찾아 면담했다. 모임이 끝나고 흩어졌는데 제갈량만 떠나지 않았다. 유비가 의아하게 생각하고 물었다. 제갈량은 조조를 피해 달아난 유랑민을 군대에 받아들여 전쟁에 대비하자고 의견을 냈다. 유비는 시큰둥했다. 이 이야기는 믿을 수 있을까?

제갈량의 상황을 보자. 조조가 형주를 공격하면 유표가 질 것이 뻔했다. 유표의 인척인 제갈량도 살아남기 어렵다. 산속에 은거할 여유가 없고 도망하거나 형주를 지켜야 했다. 유비는 관우, 장비 등 형, 아우를 일컫는 소규모 가족 집단으로 폐쇄적이었다. 그러나 조조를 상대하려면 관우, 장비 같은 장수와 군사가 더 필요했다. 제갈량 같은 참모의 필요성은 적었다. 제갈량은 마음이 급했지만, 유비는 아니었다. 유비는 형주에 머무는 약 7년 동안 제갈량의 존재를 알았지만 기용할 생각을 하지 않았다. 제갈량은 유표의 인척이기도 했고 유비보다 20살 어렸다.

북방을 평정한 조조의 침략이 임박하면서 상황은 급변한다. 유표는 무능했고 유비는 시간이 없었다. 군사력은 증강되지 않았고, 도망갈 곳도 없었다. 적은 수의 군사로 조조의 대군을 맞으려면 전략가가 필요했다. 사마휘, 서서가 제갈량을 거듭 추천했다.

유비가 두 번을 허탕치고 세 번째 가서야 제갈량을 만나 의기투합해 삼고초려를 완성했다고 한다. 세 번을 찾아 세 번을 모두 만났다는 견해도 있다. 어쨌든 감동적인 장면이다. 삼고초려를 '당한' 제갈량의 전략은 무엇일까? 유비도 형주, 익주에 근거지를 마련해 조조, 손권과 천하를 삼분하고, 때를 기다려 통일하자는 것이다. 전략을 실행하려면 오나라의 손권과 연합해 조조의 남하를 막는 것이 선결과제였다. 그것이 적벽대전이다.

제갈량이 직접 자신을 천서했다는 자천설은 소수설이고 삼고초려가 다수설이다. 우리는 왜 삼고초려에 열광할까? 중국은 외세 침략을 많이 받는 과정에서 간신을 싫어하고 충신을 칭송했다. 제갈량은 한 황실을 부흥하기 위해 힘썼고 인품과 재능이 뛰어났다. 나라를 위해 일했고, 전장에서 죽었다. 제갈량은 칭송받아 마땅하지만 신격화는 지나친 측면이 있다. 하지만 유교 사회 지식인들의 로망이 삼고초려에 들어 있다. 신하인 자신은 가만히 있는데 황제가 소문을 듣고 수차례 직접 찾아왔다. 거듭된 사양에도 불구하고 예의를 다해 거대한 역할을 맡겼다. 얼마나 '폼 나는' 일인가. 동서고금을 막론하고 지식인의 꿈이다.

옛날이나 지금이나 스스로를 내세우는 사람은 많아도 참된 인재를 찾기는 어렵다. 세상에 뜻이 있는 자는 저술, 강연, 소셜미디어, 세미나, 칼럼 등 현란한 언변과 그럴듯한 근거를 들이대며 자신을 선전한다. 혈연, 학연, 지연 등을 내세워 패거리를 만든다. 손쉽게 주의, 주장을 만들어 감언이설로 사람을 현혹한다. 정치의 계절인 선거철을 맞이하면 백가쟁명, 이합집산을 거듭한다. 정책과 이념 대립 등 판세와 인성이 적나라하게 드러난다. 가짜뉴스를 만들고 네거티브 진흙탕 싸움이 일어난다. 선택지가 많을수록 고르기 쉽지 않듯이 저마다 인재라고 자천하는 곳에서는 진정한 인재를 찾기 어렵다. 진정한 인재는 흠만 잡히는 세상에 나오길 꺼리고 몸을 숨긴다. 자신을 드러내어 파는 인재는 옥석을 가리고, 숨은 인재는 들춰내야 한다.

  디지털 시대의 인재는 자유시장 경제를 성장시키는 전략과 아이디어, 실행력을 갖춘 사람이다. 자본주의는 성장을 하지 않으면 갈등과 대립을 양산한다. 아날로그 영토를 넓히는 것은 모두를 불행하게 하는 전쟁뿐이다. 온라인, 모바일 등 디지털 영토는 경제적 창의가 있으면 넓힐 수 있다. 디지털 시장을 넓히지 못하면 구글, 애플, 오픈AI 등 글로벌 빅테크와 기술을 앞세운 선진국에 영토를 내줄 수밖에 없다. 디지털 식민지가 되지 않으려면 산업, 기술, 시장과 미래를 보는 안목을 가진 숨은 인재의 발굴이 중요하다. 감추려도 감춰지지 않는 낭중지추가 많다. 그들을 찾고 그들의 의견을 들어 디지털 미래를 열어야 한다. 그것이 디지털 시대의 삼고초려다.

혁신을 위한
언어 사용법

컴퓨터, 자율주행, AI 등 첨단기술로 무장한 산업과 시장에서는 연일 외래어, 축약어 등 새로운 언어가 생성되고 낡은 언어는 소멸한다. 언어는 기술혁신에 어떤 영향을 미칠까?

철학자 비트겐슈타인의 의견을 들어보자. 언어는 세상에 존재하는 것을 '있는 그대로' 표현하는 인간의 그림이다. 따라서 '말할 수 없는 것'에 대해서는 침묵하라고 했다. 말을 이용해 사람과 화물을 나르는 수레에는 '마차'라는 언어를 쓴다. 엔진이 장착되고 사람이 운전하는 운송 도구가 나왔을 때 마차 대신 '자동차'라는 언어를 썼다. 자동차라는 새 이름을 부여하면 마차의 연장선을 벗어난다. 마차를 능가하는 신기술인지 명확하지는 않았다. 너무 빨라 사고도 잦았다. 자동차의 미래가치를 알 수 없기에 이러쿵저러

쿵 말하지 못하고 침묵해야 했을까? 그렇지 않다. 비트겐슈타인은 자신의 견해를 슬쩍 바꾼다. 당장 언어로 표현할 수 없지만 존재하는 것이 있다. 상상과 지식이 그것이다. 혁신을 갈망할 때는 침묵하지 말고 언어로 만들어 표현해야 한다.

새롭게 만들어진 언어를 습득하며 소통하고 활용해야 한다. 언어로 표현되는 '대상'이 발전하면 언어도 그에 따라 변화하고 발전한다. 언어의 발전은 표현되는 대상의 내용과 수준을 다시 변화시킨다. 새로운 언어를 생성하고 낡은 언어를 소멸하며 표현되는 대상까지 변화시키는 선순환의 발전을 거듭한다. 자동차와 이름 모를 수많은 부품, 그리고 도로교통의 생성과 발전이 그랬다.

망치와 도끼는 모두 처음에는 단단한 돌에 불과했고 '돌'이라고만 불렸다. 기술의 발전으로 모양과 기능이 분화되어 망치와 도끼라는 서로 다른 언어를 가지게 되었다. 고유의 언어가 생기면서 다양한 공구가 만들어지는 등 기술 발전에 돌입했고 언어도 덩달아 발전했다. AI 에이전트, 피지컬 AI도 마찬가지다. AI라는 이름으로 같이 시작했지만 발전을 거듭해 현재의 AI 에이전트, 피지컬 AI라는 언어를 얻었다. 기술이 발전한 후에 자신의 언어를 갖게 된 걸까? 그렇지 않다. 단순 지식, 연구개발 단계에서 미래를 상정해 가설을 세우고 AI 에이전트, 피지컬 AI 등 언어를 미리 붙여 사용하면서 혁신의 촉매제가 되었다.

국민의 권리와 의무를 설정하려면 법적 요건과 효과를 명확히 해야 한다. 법률 언어의 정의와 경계가 중요한 이유다. 기술, 문화 등 시공간에서는 어떨까? 기술 등의 호환성을 위해 같은 현상과 공간에서 같은 언어를 사용해야 한다. 그러나 언어 사이의 경계가 모호한 것도 나쁘지 않다. 낡은 언어에 갇히지 않으면 새롭고 다양한 혁신을 가능하게 한다. 자동차는 여객용, 화물용으로 분류되고 크기에 따라 중형, 소형 등으로 나뉘기도 한다. 그러나 모두 자동차에 그친다. 자율주행 등 자동차가 발전하면 언젠가 자동차를 벗어난다. 운전자와 핸들, 바퀴가 없어지고 내부와 외관이 달라져도 자동차라고 부를 수 있을까? 자동차의 본질을 바꾸고 싶을 때 어떤 언어를 써야 할까? 자동차라는 낡은 언어에 갇혀 있으면 자동차의 한계를 넘지 못한다. 언어가 경계를 넘어서야 혁신이 뒤따른다.

새로운 기술을 발명하거나 발견할 때 새로운 언어를 부여할지, 어떤 언어가 좋을지 고민해야 한다. 언어를 함께 할 생태계 규모와 범위도 중요하다. 1956년 다트머스회의에서 존 매카시가 AI라는 언어를 사용하지 않았다면 오늘날 AI가 있었을까? 항공기 조종석의 많은 버튼은 비슷하지만 이름과 용도가 다르다. 새로운 기술과 현상에 언어를 부여할 때 미래가 태어난다. '말할 수 없는' 지식을 끊임없이 기술로 만들되 언어를 만들어 붙이자. 낡은 언어의 감옥에 갇히면 기술 발전은 물론 산업이 죽고 혁신은 멈춘다.

하늘 높이 뭉게뭉게 무리를 지은 수증기를 모두 '구름'이라 부르than면 제대로 이해한 것일까? 위치, 형태와 농도가 제각각이다. 권적운, 고적운, 층적운, 적란운 등 특징에 따라 다양한 언어로 불러보자. 바람, 비와의 관계, 폭우, 폭염, 인공 강우, 재난 대응 등 기술 탐구의 시작이 된다. 자연현상에는 언어로 표현할 수 없는 감동이 있다. 그러나 기술 현상에서는 '언어 붙이기'가 중요하다. 언어는 기술 탐구와 소통을 쉽게 한다. 생성, 변화, 소멸을 거듭하며 기술, 산업, 시장에 이바지한다. 누군가 기술혁신을 이루고 거기에 언어를 붙여 선점해 퍼뜨린다고 하자. 그들의 언어를 무비판적으로 답습하면 '기술 베끼기'에 급급하지 않을까. 기술 언어 종속은 기술, 산업, 시장 종속의 최단 경로가 될 수 있다.

산업화 시대에는 외국의 선진 기술을 빨리 받아들이고 그들을 추격했다. 외국의 기술 언어를 그대로 수용해 그 언어가 가리키는 기술을 생생하게 이해하고 모방해 산업과 시장을 일으켰다. 머신, 컴퓨터, 하드웨어, 소프트웨어와 세부 구성 요소, 작동 원리를 표현하는 언어가 그것이다. 그런데 세계화, 인터넷은 그 모든 것을 바꿨다. 상품과 서비스가 온라인을 타고 국경을 넘어 '실시간' 제공된다. 그들 언어로 배운 기술로 추격에 나서지만 시간 부족, 역부족이다. 결국 시장을 빼앗긴다. 그들 언어를 함부로 쓸 수 없는 이유다.

AI 등 첨단산업을 보자. 미국 등 AI 강국에서 만들어진 초거대 AI, AI 에이전트, 피지컬 AI 등 생소한 언어가 온라인을 타고 넘어온다. 우리는 감탄하며 그들의 언어를 수용한다. 초거대 AI는 막대한 데이터를 학습해서 추론한다. 얼마나 많은 데이터를 학습하고 얼마나 뛰어난 알고리즘을 가져야 그 언어를 사용할 수 있을까? 챗GPT 정도의 매개 변수를 갖추고 학습하고 추론해야 한다고 하지만 정답은 없다. AI 에이전트도 마찬가지다. AI가 인간을 대신할 수 있는 행위가 사실적·법적으로 어느 정도에 이르러야 AI 에이전트가 될지 답을 주지 않는다.

　피지컬 AI는 어떤 모습과 요건을 갖춰야 그 언어를 쓸 수 있을까? 청소 로봇 정도로 충분한가? 휴머노이드처럼 인간 같아야 할까? 그들의 언어가 우리의 기술, 법제, 문화와 들어맞는지도 살펴야 한다. 그들 언어를 그대로 수용하면 첨단 지식에 밝은 지식인처럼 보인다. 그러나 그들의 언어에 갇히면 그들 프레임에 예속되고 산업과 시장을 빼앗긴다. 그들의 언어가 대표하는 기술을 정확하게 이해하되, 그들의 언어를 그대로 수용하는 것이 맞는지, 변형해도 되는지, 적합한 다른 언어가 없는지 고민과 검토를 선행해야 한다.

　외국의 기술 언어를 우리 언어로 바꿔 수용할 때도 어떤 상황에서 무엇을 가리키는지 완벽히 이해하고 사용해야 한다. 정확히 번역되지 않아 의미가 확대, 축소되거나 다른 의미를 가지면 고유의 기술 현상과 지식을 왜곡한다. 부정확한 언어는 기술 호환성을 낮추고 오류를 일으킨다. 우리 환경에 맞게 언어를 택하는 것은 전략이다. 암호화폐를 보자. 처음에 화폐라는 표현 대신 암호자산 등 다른 표현을 썼으면 어땠을까? 화폐라는 표현을 쓰는 순간에 기존 화폐의 위상을 공격한다. 암호화폐를 우리에게 맞게 새로운 가치를 부여할 시장 수단으로 활용할 기회를 놓치고 만다. 새로운 기술 현상에 기존 언어를 무의식적·무비판적으로 대입할 때 나타날 위험을 두려워해야 한다.

부득이하면 외국의 기술 언어를 그대로 써야 한다. 그러나 무비판적으로 답습하면서 '기술 주권'을 외친다면 공허한 메아리에 지나지 않는다. 기술에 대한 정확한 이해가 우선이지만, 적합한 언어 선택과 비판적인 사용이 효과적인 성장 전략이 된다는 점을 잊지 말자.

한 작은 기업은 대학생을 상대로 검색서비스를 제공하고 있었다. 세상에서 가장 많은 데이터를 갖고 싶어 10의 100제곱의 숫자를 뜻하는 구골을 회사명으로 점찍었다. 하지만 타인에 의해 상표 '구골'이 이미 등록되어 있었기에 비슷한 느낌의 '구글'을 골랐다. 현재 숫자 구골을 몰라도 구글이라는 기업을 모르는 사람은 없다. 숫자는 더하기, 빼기, 곱하기, 나누기 등 계산을 위해 세상에 나왔다. 상거래에서 시작해 산업과 시장을 만들고 경제를 발전시켰다. 단순히 순번을 매길 때도 쓰고, 스포츠, 학업, 기업의 성과 또는 우열을 가릴 때도 쓴다. 이진법은 전자회로에 전류가 통하는지에 따라 1과 0으로 처리, 계산함으로써 컴퓨터 활용을 촉진했다. 1과 0의 양자 중첩과 얽힘을 활용한 양자컴퓨팅도 숫자에 빚이 있다.

'숫자'는 기술혁신에서 어떤 의미일까? 18세기 영국은 유럽에서 가장 뒤처진 국가였다. 목축을 통해 생산한 양털을 유럽에 수출했지만 정작 양털로 만든 모직물을 유럽에서 수입했다. 고민 끝에 네덜란드에서 박해받던 신교도 기술자와 금융업자를 적극적으로 받아들였다. 기술, 금융과 정책의 결합은 방적기, 증기기관, 제철, 철도, 통신 등 발명과 혁신으로 이어져 최초의 산업혁명을 일궈냈다. 그 뒤 독일, 미국 등 선진국에서 제조, 서비스, 정보통신 등 2차, 3차 산업혁명이 나왔다. 데이터와 AI를 바탕으로 4차 산업혁명도 나왔다. 그러나 영국의 최초 산업혁명에 비하면 보잘것없고 내용과 가치를 이해하기도 쉽지 않다. 최초 산업혁명의 명성에 기대려고 산업혁명에 2차, 3차, 4차의 숫자를 헛되이 붙인 탓은 아닐까.

스마트폰은 어떤가? 원래 기업은 스마트폰을 다양한 모델로 여럿 만들었다. 그중 인기 있는 모델을 선택해 집중하고 버전 업 방식으로 발전시켰다. 새로운 버전을 출시할 때마다 모델명 뒤의 번호를 높여간다. 최근까지 2자리 수 이상의 버전 업 모델을 내놓았다. 생각해보자. 버전 12와 13은 분명 다르겠지만, 어떤 차이일까? 쉽게 알기 어렵다. 번호를 높여간다는 것은 무슨 의미일까? 출시 이후 기술개발 성과를 반영한다. 경쟁사를 고려해 기능을 개선한다. 소비자의 요구를 반영한다. 스마트폰 등 현대 기술은 시장 출시 후에도 기술과 시장의 반응을 고려해 지속적으로 성장하는 모델이 많다. 소프트웨어, 앱스토어 등 운용 시스템 개선을 통해 끊임없이 발전한다. 버전 업은 기존의 성과와 경험을 활용하므로 자연스러운 현상이다.

다르게 생각해보자. 최초 모델을 뛰어넘을 혁신이 없었기에 버전 업에 그친 것은 아닐까? 약간의 변화만 줘 버전 업 모델로 내놓고 고객의 구매 충동을 끌어내는 마케팅 기법은 아닐까? 혁신적인 도전이 실패할까 봐 옛 모델의 명성에 기댄 것은 아닐까? 물론 버전 업 모델의 수익으로 신규 투자에 나선다면 그나마 다행이다. 숫자의 버전 업을 넘어 스마트폰이라 부를 수 없을 정도의 '강력한 최초' 모델을 기대해본다.

웹1.0은 인터넷에서 공급자가 제공한 정보를 읽을 수만 있는 구조였다. 웹2.0은 읽기에 쓰기 등을 더해 이용자의 능동적인 참여를 끌어냈다. 웹3.0은 무엇인가? 블록체인, 암호화폐 등 웹 구조에 민주적 절차와 참여자 기여에 대한 보상을 도입했다. 그런데도 왜 웹3.0은 크지 못할까? 정부 규제도 문제이지만, 숫자만 3.0으로 버전 업에 그친 탓이다. 기존 웹의 벽을 넘지 못한 '소심한 개선'에 불과해 세상을 끌어들이기에 역부족이었던 때문은 아닐까.

갈수록 '무(無)'에서 '유(有)'를 만드는 기술을 보기 어렵다. 유에서 조금 다른 유를 만들고 대단한 것처럼 떠들어댄다. 기존 버전의 숫자나 레벨을 높여가며 거품을 만들고 고객을 유인해 단기적인 성과 내기에 급급하다. 도널드 트럼프 미국 대통령이 불을 붙인 경제 전쟁과 경기침체를 극복할 상품을 만들려면 숫자 장난, 허세, 모방과 단순 추격을 버려야 한다. '강력한 최초'를 만드는 목표에 집중하고 끊임없이 혁신해야 한다.

신뢰할 수 있는 안전인가

아침에 일어나면 무엇부터 하는가? 미국 주요 시장의 경제지표가 어떻게 되었는지 찾는다. 미국 대통령이 어떤 말을 했는지 살핀다. 삼성전자 등 국내 기업에는 관심이 없다. 미국 기업 엔비디아, 테슬라의 주가가 궁금하다. 한국은행 총재보다 미국 연방준비제도이사회 제롬 파월 의장의 말에 귀를 기울인다. 한국 기획재정부 장관보다 미국 재무장관이 무슨 일을 했는지 찾는다. 나는 미국 사람인가, 한국 사람인가? AI도 마찬가지다. 한국 정부의 AI 정책과 국내 AI 기업의 상품에는 관심이 없다. 미국 정부의 AI 정책과 오픈AI, 구글 등 미국 빅테크 기업이 무슨 일을 하는지 알고 싶다. 우리나라 AI의 미래는 어떻게 될까?

  유럽연합의 AI법은 AI 위험이 사람에 미치는 영향이 중대 명백한지에 따라 4단계로 나눠 허용 여부와 규제 수준을 정한다. 27개 회원국이 뭉쳐 자기들만의 단일 시장을 만들고 미국 등 AI 열강에게서 EU 시장을 지키려 한다. 중국은 미국과의 갈등 격화와 경기침체 속에서 힘을 다해 AI 기술개발에 박차를 가하고 있다. 미국은 규제 강화나 완화의 경직적인 정책을 지양하고 시장에 맞게 탄력적으로 대응한다.

우리나라는 어떨까? AI법은 AI 진흥을 위한 정부 기본계획, 인공지능위원회 설치, AI정책센터와 AI안전연구소 도입, 표준화, 전문 인력 양성, 기능적·물리적·지역적 집적화, 윤리 확립, 고영향 또는 생성형 AI 제품 및 서비스 표시와 고지 의무, 안전성과 신뢰성 확보 조치, 자료제출·조사·시정조치에 관해 정하고 있다. AI법을 그대로 실행하면 미국과 어깨를 견주는 AI 강국이 될 수 있을까? AI법은 정부의 다른 진흥법과 비교해볼 때 차별성을 찾기 어렵다.

AI법에는 국민의 폭발적 참여와 역량을 이끌어내고 외국 기업 중심의 판을 뒤집을 '강력한 한 방'이 보이지 않는다. 조선시대 말기와 비교해보자. 당시 우리 선조들도 가만히 있지는 않았다. 갑신정변, 갑오경장, 광무개혁 등 부국강병을 위한 많은 정책과 노력이 있었다. 하지만 백성의 전폭적인 지지와 참여가 없었기에 실패했다. 그들만의 개혁에 그쳤다. 산업화와 정보화 시대에는 정부 주도로 '나를 따르라'는 방식으로 기업, 국민을 독려해 경제가 발전했다. 지금은 다르다. 정부와 기업만으로 AI 강국이 될 수 없다. 높은 교육을 받고 역량을 갖춘 국민의 시대다. 정부가 시킨다거나 앞선다고 해서 따르지 않는다. 의심하고 비판한다. 이해되고 이해하지 않으면 움직이지 않는다. 국민의 열망과 폭발적인 능력 발휘가 뒤따르지 않으면 AI 정책은 반드시 실패한다.

과거 기술 문명 시대에는 마음에 들지 않으면 그 범위 밖에서 살면 되었다. 스마트폰 애플리케이션(앱)을 쓰면 편리하지만 쓰지 않는다고 문제가 될 것은 없다. 자가용 자동차를 가지고 있으면 편리하지만 없더라도 대중교통으로 이동하면 된다. AI는 그렇지 않다. 고속도로만 남고 국도 등 모든 길이 막힌 세상과 같다. 이동하려면 누구나 고속도로에 올라타야 한다. 그것이 AI다. AI가 없이는 아무것도 할 수 없는 세상이 온다.

AI 시장에 들어가는 것은 달리는 호랑이 등에 올라타는 것과 같다. 호랑이가 죽지 않는 한 내려올 수도 없다. 올라탔다면 과감하게 달려야 한다. 호랑이 등에서 사는 법을 배워야 살아남는다. AI라는 호랑이 위에서 즐겁게 누리며 사는 방법이 AI법이어야 한다. AI 열강이 자본주의 첨병이 되어 세계 시장을 누비고 있다. 그들과 어깨를 나란히 할 획기적 방법을 찾아야 한다.

복어 요리를 좋아하는가? 고혈압, 동맥경화 예방과 노화 방지 효과가 있다. 복어 독은 치사율 50퍼센트다. 청산가리보다 1천 배 강하고 해독제가 없다. 복어 한 마리의 독은 성인 13명의 목숨을 빼앗는다. 복어 요리를 할 때 독성 제거 기술이 중요하다. 복어조리기능사, 복어조리 산업기사, 조리기능장 등 국가기술 자격 보유자만 복어 요리를 할 수 있다. 조리 매뉴얼도 지켜야 한다. 그것이 안전이다. 그것만으로 충분할까? 오늘날 복어 요리를 식탁에 올리기까지 위험과 안전을 검증하고 소통하는 수많은 시간과 절차가 있다. 그것은 신뢰다.

AI는 어떤가? 남용하면 재난, 생명 신체 훼손, 재산 피해 등 위험을 키운다. 위험은 전염병처럼 국경을 넘어 번진다. 화재 위험을 낮추려 방화벽을 내리면 탈출로가 막히는 것처럼 안전 시스템을 구축하려다 다른 위험을 야기할 수 있다. 과학에 대한 불신으로 이어지면 사회갈등을 야기한다. AI 알고리즘이 작동하는 블랙박스 구간은 작동 방식과 경로를 알기 어렵다. 어떤 위험이 발생할지 모른다. 피해를 원상복구하기도 쉽지 않다. 피해가 AI로 인한 것인지 아닌지 인과관계를 입증하기 어렵다. 기계는 매뉴얼에 충실하지만 AI는 인공신경망에 의해 스스로 작동되는 탓이다. 물질에 대한 통제보다 '정신'에 대한 통제가 어려운 것과 같은 이치다. 기계는 오작동에 의한 위험이 대부분이지만 AI는 정상적인 작동 과정의 위험이 더 클 수 있다. AI 알고리즘 특성상 오류 수정이 쉽지 않다. AI 작동 과정에서 사업자 또는 사용자의 관여가 피해를 더욱 확대할 수도 있다.

그래서 AI는 위험에 대한 안전 확보가 중요하다. AI 위험의 유형, 성격, 내용을 정의해야 한다. 국가적·사회적·개인적 위험의 발생을 예방해야 한다. 위험이 발생하면 신속히 제거해야 한다. AI를 이용해서 사업을 하는 자는 AI 안전을 위해 기술적·물리적·관리적 조치를 취해야 한다. 안전은 결과일 뿐 아니라 기획, 설계이고 과정이다. AI 안전을 도모하려면 처음부터 AI 시스템 자체가 안전을 필수 장착해 기획, 설계되어야 한다. 시스템 구축 이후에는 수정이 불가능에 가깝기 때문이다. AI 서비스는 완성된 형태로 출시되는 것이 아니라 서비스 과정에서 데이터학습과 알고리즘 발전으로 변화를 거듭한다. 안전도 지속적으로 업그레이드하고 변화하는 과정일 수밖에 없다.

  AI는 안전을 넘어 신뢰도 중요하다. AI는 위험의 특성상 공동체가 합의한 안전조치를 취해도 실제 생활에서 정말 안전한지 단정하기 어렵다. AI가 안전하다는 것을 믿을 수 있어야 한다. AI의 안전성을 높이면 물론 신뢰성이 높아지지만 그것만으로는 충분하지 않다. 안전성 통제를 넘어 신뢰성을 높이는 제도적 장치가 필요한 이유다. AI 위험과 안전성에 대한 지속적인 통제와 커뮤니케이션이 있어야 한다. 고객의 설명 요구, 데이터 삭제 요구, 서비스 중단 또는 제한 요구 등 시민의 적극적 참여도 중요하다.

  AI는 상시적인 위험 통제, 지속적인 안전이 확보되고 신뢰를 얻어야 우리 곁에 올 수 있다. 자본주의의 신규 성장 엔진으로 AI를 받아들이는 국민이 내건 최소한의 요구임을 잊지 말자.

추천사

바닷가의 조약돌처럼 이리저리 휩쓸리고 무뎌져 의미를 상실한 단어가 있다. 창의와 혁신이 그것이다. 누구나 목소리를 높여 떠들지만 누구도 제대로 알지 못한다. 창의와 혁신은 왜 어려울까? 세상이 성숙해서 모든 창의와 혁신이 이미 달성된 탓일까? 정치와 규제가 막아선 탓일까? 강대국이 만든 글로벌 질서가 길목을 지키고 있는 탓일까? 탓만 한다고 없던 창의와 혁신이 거저 생기지는 않는다. 엄청난 자본이 투여된 인공지능 시대는 사람의 일자리를 너무나도 쉽게 빼앗는다. 창의와 혁신은 선택이 아니라 생존의 문제가 된다. 어디서 해결책을 찾아야 할까?

이 책은 자칫 지루하고 피로해지기 쉬운 창의와 혁신이라는 단어에 독특한 생명력을 불어넣는다. 가짜, 실패, 실수, 모방, 오류, 황당, 기발, 독특 등 세상에서 버려졌던 사람과 소외된 영역에서 작은 단서를 찾아 상상 그 이상의 가치를 만든다. 흔한 패키지여행에서 잠시 벗어나 자신만의 자유여행을 하는 기분으로 이 책을 읽어볼 것을 권한다.

— 이석채(전 정보통신부 장관 · KT 회장)

저자와 일본 메이지유신의 숨은 공로자인 사카모토 료마에 관해 대화를 나눈 적이 있다. 료마는 본래 도쿠가와 막부의 중신 가쓰 가이슈를 암살하러 갔으나 오히려 그의 부국강병론에 깊이 감화되어 협력자로 돌아선 인물이다. 이후 가쓰의 지원을 받아 일본 최초의 공식 해군 조직과 무역회사를 설립하며 새로운 시대의 물꼬를 텄다.

그는 도쿠가와 막부에 맞서기 위해 오랜 앙숙 관계였던 사츠마번과 조슈번을 화해시켜 역사적인 동맹을 성사시켰고, 그 연합의 힘으로 막부가 스스로 권력을 천황에게 반환하는 '대정봉환'을 이끌며 유혈 내전을 막았다. 떠돌이 하급 무사에 불과했던 그는 누구도 상상하지 못한 전략과 기발한 실행력으로 봉건국가 일본의 근대화를 이끄는 데 결정적인 역할을 했다.

지금 우리가 맞이하고 있는 인공지능의 격변기 역시 메이지유신을 앞둔 막부 말기의 혼란을 떠올리게 한다. 이 책은 사카모토 료마의 창의와 혁신을 연상하게 하는 다양한 사례와 대안을 흥미진진하게 엮어낸다. 법률가로 평생을 살아온 저자는 역사와 기술, 철학을 넘나들며 날카롭고 재기 넘치는 통찰을 풀어낸다. 독자는 그 통찰을 덤처럼 누릴 수 있다. 남들이 걷지 않은 길을 무작정 따를 필요는 없지만, 눈앞의 난관을 뒤집어 새로운 국면을 열고자 하는 사람이라면 이 책이 탁월한 길잡이가 되어줄 것이다.

— 문규학(소프트뱅크 비전펀드 아시아/유럽 총괄)

학창시절에 작가는 이런저런 농담을 좋아하고 이 세상에 적합하지 않은 사람이었다. 생각이 깊지 않고 어수룩해 빈틈이 많았다. 세월의 풍파를 겪어서일까, 그는 그 빈틈을 조금씩 채워나갔다. 기존 것이나 남의 것이 아니라 자신의 독특한 생각과 행동으로 메웠다. 정보통신부 공무원, 로펌 변호사, 케이티 임원 등 직장을 바꾸고 끊임없는 변화를 도모했다. 현재진행형인 그의 삶이 성공적이었다고 결론을 내리기는 이르다. 그러나 이 책은 학습과 경험에서 얻은 노하우를 기반으로 새로운 시대의 변화와 가치를 이야기한다.

변화와 가치를 위해서는 창의와 혁신이 앞서야 한다. 창의와 혁신은 이제 다수가 갔던 길이나 누군가 성공했던 길에서는 찾을 수 없다. 자신에게 주어진 고유의 조건이나 특이 상황을 자신만의 방법으로 해석하고 가용자원을 전략적으로 배치, 실행해 목표를 달성해야 한다. 인공지능 시대에 생존하려면 창의와 혁신이 일상이 되고 습관이 되어야 한다. 이 책은 불리한 상황과 조건을 버리지 않고 자신에게 유리한 강점으로 바꿔 혁신하는 내용을 담고 있다.

— 손재일(한화에어로스페이스 대표, 한국우주기술진흥협회장)

인격적으로 점잖은 무게 '드레'

드레북스는 가치를 존중하고 책의 품격을 생각합니다